סיהדמה יאפה לושיב רפס

תיבב הנכהל תופירחו תוריפ ,לובית יבשע ,תוחולמ תודיטשפ 100

רבקש מזל

תוכן העניינים

מסקנה   **248**

אובמ

המישרב, הקומ ואפ ומכ םישדח םיפדעומל דעו םיחופת ואפ ומכ תוקיסאלקמ
אלל תויורשפא וליפא שי. םלוכל והשמ שי רתויב םיבוטה ואפה הפה ינוכתמ לש וזה
לובי התא, וללה םינוכתמהמ םיבר רובע ,ןבומכ. הייפאב לודג אלש ימל הייפא
לכ רשאכו. םילע קצב וא האמח לש ואפ םורק ,הציחל תויגוע םורק ןיב רוחבל
ךרד רוציקב ער רבד םוש ןיא. תונחב שכרנש םורק ומירת טושפ ,לשכנ ראשה
אל לבא! ןומיל גנרמה ואפ תנבהב ןמז ןומה ךל ךוסחי אוהו ,תונחב הנקנש
הדילגה ירודכ תא ףורפל וחכשת לא רק ,ורחבת הדיטשפל ןוכתמ הזיאב הנשמ
! יופיצל תפצקה וא

מתכונו בסיס

1. <u>יאפ רוריפ</u>

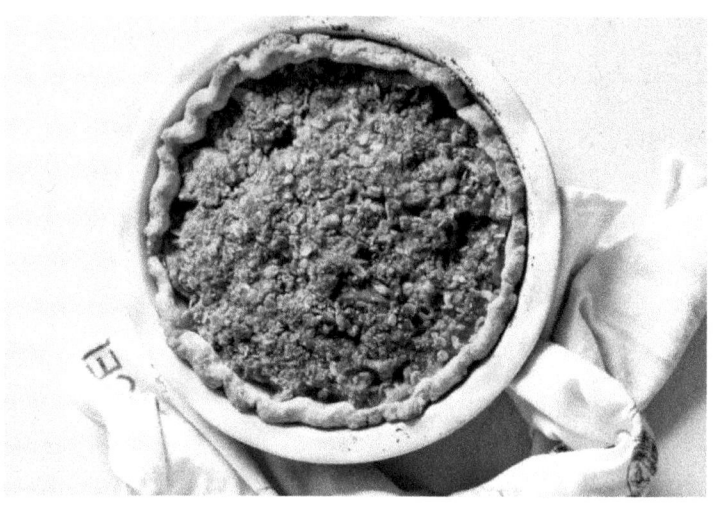

מיצר בער 350 גרם (2¾ כוסות)

רכיבים:

1. 240 גרם קמח חמק [1½ כוסות]
2. 18 גרם סוכר [2 כפות]
3. 3 גרם חלם שבר [¾ כפית]
4. 115 גרם חמאה מומסת [8 כפות (1 מקל)]
5. 20 גרם מים [חצי כף]

ביצוע

a) חממים את התנור ל-350 מעלות צלזיוס.

b) מערבבים את הקמח, הסוכר והמלח של בערבל בקערה עד שמתקבל תערובת מצוידת. מוסיפים את המים והחמאה ומערבבים עד הבלבקל תערובת אחידה.

c) מוסיפים את החמאה והמים ומשטחים במהירות הנמוכה עד שהתערובת מתאחדת להאתדח באשבולות קנטים.

d) מוחרים את האשבולות על בתנית מרופדת בנייר אפייה או סליפט. אופים מרחרים בתנור למשך 25 דקות, מדי פעם מפרקים אותם. הפירורים צריכים להיות בצבע חום זהוב ועדיין חלים מעט במגע בואתה הנקודה; הה יתיבשו ויתקשחו כשהם מתקררים.

e) נתן לפירורים להתקרר לחלוטין לפני ניטולין לפני השימוש.

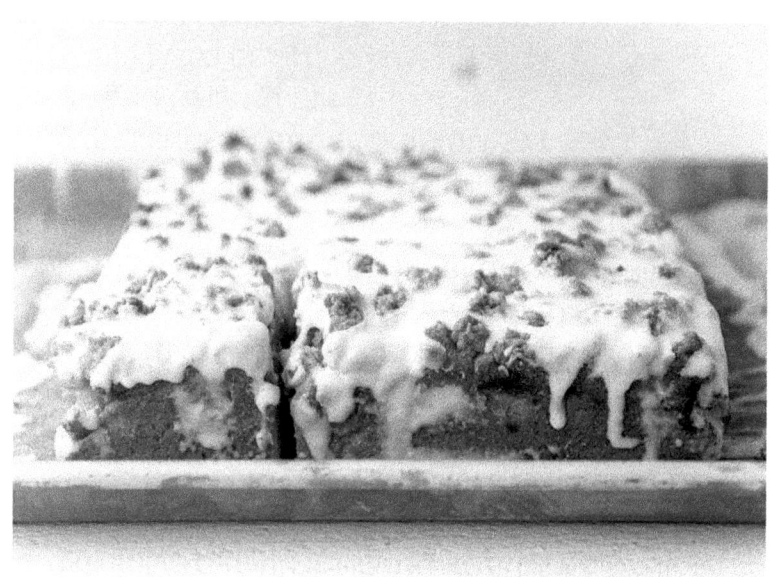

מכבן ב-220 גרם (¾ כוס), וא מספיק ל-2 עוגות שבכת פאי חופחים

כריביס:

- ½ הנמ פירור פאי
- 110 גרם חלב [½ כוס]
- 2 גרם חלמ כבש רשר [חצי כפית]
- 40 גרם חמאה בטמפרטורת חדר [3 כפות]
- 40 גרם סוכ רבוח קונדיטורים [¼ כוס]

ויוניס

a) מערבבים את פירור הפאי, החלב והמלמ בבלנדר, הפאי עד שקיי 1 דקיי. הז המומוגני. לקבלת תערובת החלקה הוהומוגנית. וטחן עד ההובג-ינוניתי. אם התערובת לא נתספה על להב (תילו בעוצמת הבלנדר של). 3 דקות לכימה, חק קטן הנטכ ורגד את פדונות בה, שבה את הבלנדר, של הבלנדר בוש, ואז הסן בשו. זוב רגל תחתמ בהלל.

b) טנסד מערבבים את החמאה והסוכר של הקונדיטוריס בערבל, עד 2 עד 3 דקות, ביוני-הובג בשמרש. עם חיבור ההנעה המרקמים חדי על ביניב וארווח. מגרדים את פדונות הקערה בעזרת מרמית. לקבלת ווירירי ווהזו חיבור.

c) את העלה, אחת אחת הקד החא. לאחר הבלנדר. שוטפים את תכולת החא בממכות, הנמוכה. מגרדים את פדונות. 2 דקות עד לקרוע הל ותו ההובג-ינוניתי. המהיר ות נתן, בקושי ישוזפ, חיד, מאוד ווריח, ואם התערובת בניא עצבה חיאד. הרעקה. ההובג בהמהירות חיריה של הקד דעו סופת ענו ריגד. לקערל.

d) השתמשו וצביפו מיד, וא אחסנו בכל אטום במקרר דע שבוע.

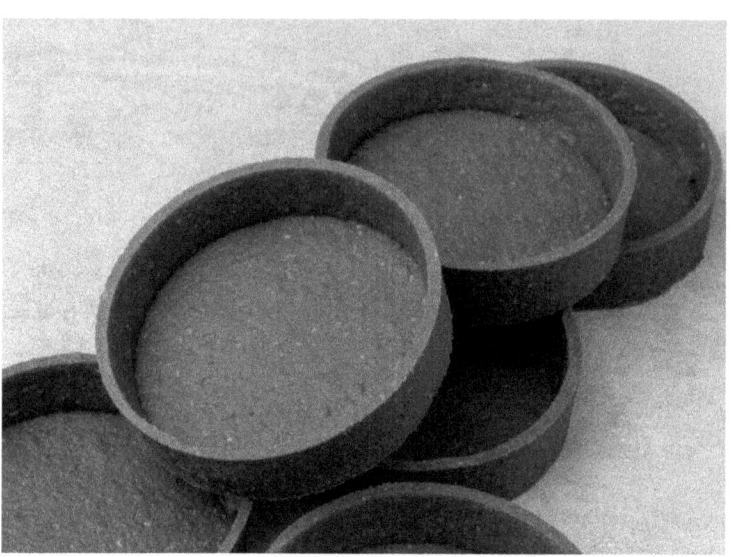

מייצר קורש פאי בגודל 10 אינץ'

כרכיבים:

- ¾ הגשה פירור שוקלד [260 גרם (1¾ כוסות)]
- 8 גרם סוכר רבוכ [2 כפיות]
- 0.5 גרם חלב כשר [⅛ כפית]
- 14 גרם חמאה, מומסת, או לפי הצורה [1 כף]

כיוונים

a) טוחנים את פירורי השוקולד בעמבד מזון עד שהם חוליים אלו נשראים אשכבולות גדולים.

b) מעבירים את החול לקערה ובזערת הידיים מערבבים עם הסוכר והמלח. מוסיפים את החמאה המומסת ושלים אותו לתוך החול עד שהיא החל מסיים מסקפי בדי לעשות זאת, מסקפי בדי שולל לכדור. אם זה לא חל מספיק בדי לשעות את האמח ושלים אותו המנפי. עוד 14 גרם (כף) האמח המומסת.

c) מעבירים את התערובת לתבנית פאי בגודל 10 אינץ'. בעזרת כוסות או הידיים, חולצים את הקזוחב את קורש השוקולד לתוך התבנית, ומוודאים שהם מכסים את הדיחא. עטוף בניילון, ניתח את תבנית הפאי מכסוים ברוצה החידה. שתתחית תבנת תונפדו תבנית הפאה מכסים בצרוה הריחה. ניתן ביניילון, עטוף ניתח, תבנית הקורש את לתל הבתינת, ומוודאים לאחסן את הקורש את מטפמ' החדה עד 5 ימים או במקרר למשך שבועיים.

4. קרוס פאי דל שומן

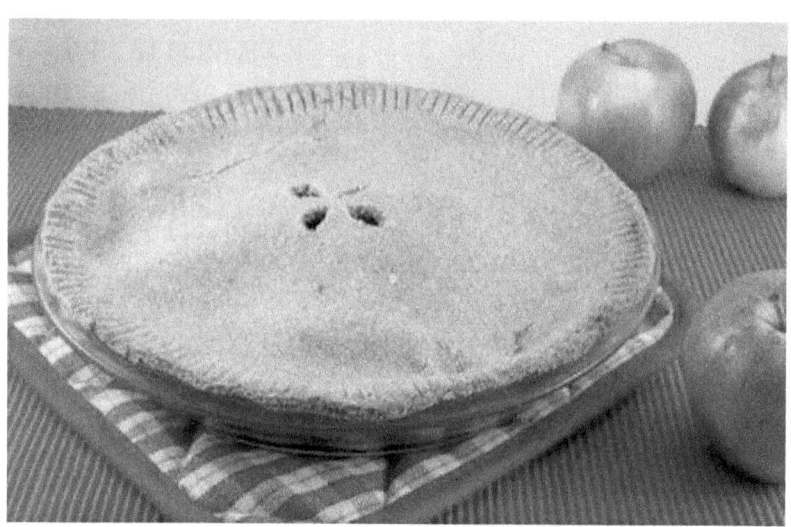

רכיבים:

- ⅓ כוס (80 מ"ל) שמן קנולה
- 1⅓ כוסות (160 גרם) קמח
- 2 כפות (30 מ"ל) מים קרים

ביצוע

a) מסופים שמן וקמח לערבבים היטב בזערת מזלג. מפזרים מים על עלה עד שהתערובת טיה בזער. בעזרת הידיים מהדקים בצק לכדור ומשטחים. מגלגלים את התערובת היטב בזער בעזרת מזלג. בין שתי פיסות נייר שעווה.

b) הסר את החתיכה העליונה של נייר שעווה, הופה את הצלחת מעל הגועה, והסר ומלקומו. לחץ את פיסת נייר השעווה השנייה. מעל הצלחת תחלת הגועה, והסר את נייר השעווה העליונה הפוכה על הצלחת.

c) עבר פשטידות שאינן דורשות מילוי אפוי, או פיסים ב-400 מעלות צלזיוס (200 מעלות צלזיוס, או סימן גז 6) במשך 12 עד 15 דקות, או עד להשחמה קלה.

5. ‫קרוס גרהם‬

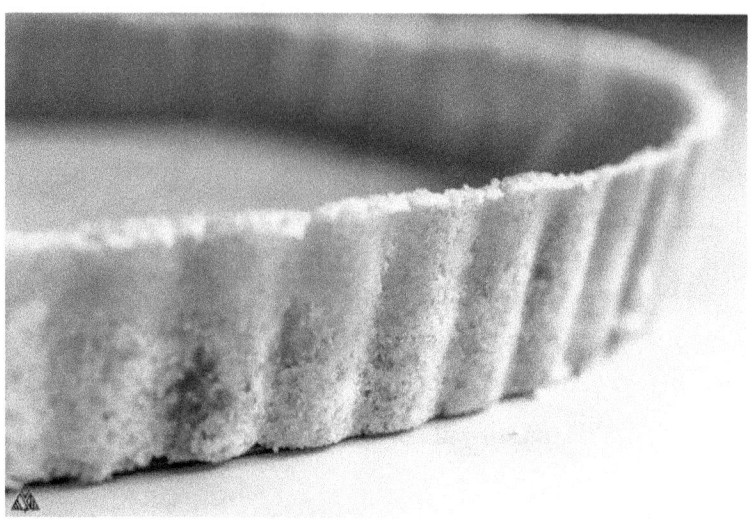

מייצר בעבר גרם 340 (2 כוסות)

רכיבים:

- 190 גרם פירורי קרקר מהגרהמ½1 כוסות]
- 20 גרם אבקת חלב [¼ כוס]
- 25 גרם סוכר [2 כפות]
- 3 גרם חלב בשר [¾ כפית]
- 55 גרם חמאה, מומסת, או לפי הצורך [4 כפות (½ מקל)]
- 55 גרם שמנת בדבש [¼ כוס]

ויינוסי

a) רוזקים את פירורי הגרהמ, אבקת החלב, הסוכר ובשל החלמוי בידיים בקערה
   בינונית לפזר את החמרים ביבשים באופן שווה.

b) מקציפים את החמאה והשמנת הבדבה יחד.

c) מוסיפים לחומרים הביבשים ומערבבים שוב לפיזור אחיד.

d) החמאה תשמש כדבק לחומרים הביבשים ותהפוך את התערובת לחמצית לחומרים הביבשים, כדבק לחצות התערובת ריצב להחזיק את הצורה אם לצרור של אשכולות קטנים. התערובת צריכה להחזיק את הצורה אם סוחטים אותה בחוזקה בכף ידה. אם לא חל מספיק בכף יד זהו תאז, מוסיפים חמאה מומסבים אותה הפנים (כף ½1 עד 1) גרם 25 עד 14 ועד מוסיפים.

6. אמא קצב

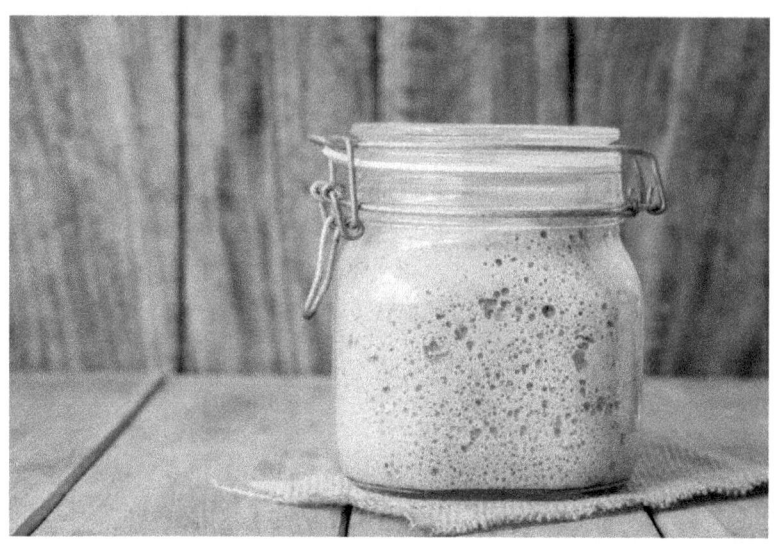

מייצר בערך 850 גרם (2 פאונד)

רכיבים:

- 550 גרם קמח [3½ כוסות]
- 12 גרם מלח כשר [1 כף]
- 3.5 גרם שמרים יבשים פעילים [חצי חבילה או 1⅛ כפיות]
- 370 גרם מים, בטמפרטורת החדר [1¾ כוסות]

כיוונים

a) מאחדים לקבלת בצק

פשטיטוד שמנת

7. מיני פשטידות תותים ושמנת

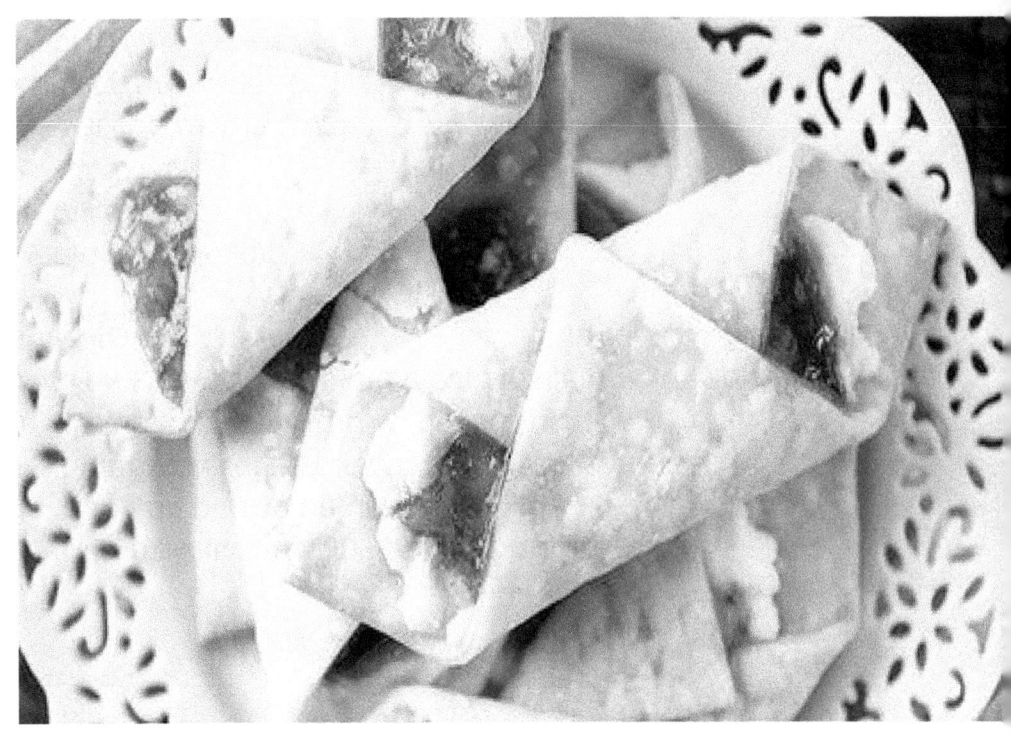

מכינה: 2 מנות

רכיבים:
- 3 כפות שמנת, בצד ה
- 1 חלבון ביצה, הלברשה
- 1 כבד פאי
- 2 כפות שקדים
- 1 כוס תותים, פרוסים

הוראה:

a) משטחים את הבצה הקוצכים וחותכים אותו לעיגולים בגודל 3 אינץ'.

b) מוחרים תותים, שקדים ושמנת במרכז הבצה.

c) מברישים את השוליים בחלבון ביצה ומעלי קצב נוספ.

d) לוחצים את השוליים עם המזלג.

e) מטגנים באוויר ב-360 מעלות למשך 10 דקות.

8. פאי קרם שוקולד

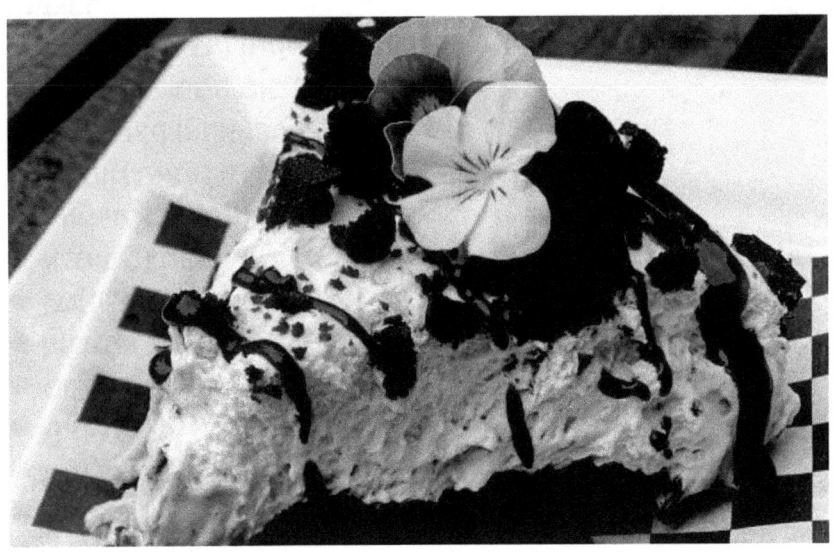

רכיבים:

קורס פאפ יאקפנ (יוצר 1 קורס פאפי):
- 1 סוכ קמח לכל מטרה
- 1 סוכ אגוזי קפנ וקצוצים קד
- 4 אונקיות חמה האמת מומסת

מילוי פרפרת (שועה מילוי פאפ 1):
- 1 סוכ חלב מלא
- 1 סוכ חציצ-חציצ
- 1 סוכ סוכר מגורוע
- ¼ סוכ עמילן תירס
- 3 חלמונים
- 1 ביצה שלמה
- 1 סוכ Ghirardelli 60% שוקולד צ'יפס וקאנ
- 1 כף תמצית וניל

מילוי גבינת שמנת:
- 1 סוכ שמנת גבדה להקפצה
- 8 אונקיות גבינת שמנת
- 1 סוכ אבקת סוכר

טופינג מוקצפ:
- 2 כוסות קצפת הדבב
- ½ סוכ אבקת סוכר

הַהֲבָּרַה:
- קורס פאפ מוכן ומקורר
- ¾ סוכ מילוי גבינת שמנת
- פרפרת מוכנה ומצוננת
- סוסת מוקצפת
- כ-2 כפות ג'יראדרלי קצוצ שוקולד 60% צ'יפס וקאנ

הוראות:

רובע קורס פאפ הקפאנ
a) מערבבים את כל תאי החומרים עם הדיידס.
b) מחדים לתבנית פאפ ריק הבוגב 9 אינצ'. הקפידו וחללו צוחל ופונ שוש על
לה מרוחים אמרוני ל מחדית לעובי הפינוני. אל אמרוני להיות
סדקים.

c) אופים את הקרום ב-375 מעלות למשך כ-15 דקות תור בדיקת מידם
העשייה ב-10 דקות.

d) מצננים על רשת אפייה לפחות 45 דקות.

מילוי הפרפרה

e) בעזרת סיר מערבבים חלב וחצי. מחממים על נמוך עד שהוא
מתחמם, נזהרים אל להחריך את החלב.

f) בקערה נפרדת מקציפים סוכר עמילני וחדי סרית. דחי לאחר חדוואה, מוסיפים
מלחמני ובצים השלם לתערובת עמילן ותריסה.

g) מטמפררים את החלה במחומם/חצי עת תערובת לתור תערובת בציצה.

h) מקיפים את **המצרכים המשולבים**: לאחו ותמו סיר וחממיר על לאש ביבונתי
תור הפירט לב חזמז. לא תסקלת - המשבה וכהרקפי.

i) לאחל שהתערבות הכימסה לעקביות פודינג, מסירים אות מהאש.
מוסיפים לינו ואחרון.

j) מנחיים שוקולד ציפ'ס לתור בימב ל של 2 טיל. מחממים בקמיקרוגל
במחוורים של 30 שניות, תור ערבוב בין מחוורים, עד להמסה. מוסיפים
שוקולד מוסמ לתור הפרפרת עד תלבקת תערובת אחידה.

k) מכסים בניילון נצמד כדי למנוע וייהצורות ערו מקררים לפחות 45 דקות עד
להתקררות.

מילוי גבינת שמנת:

l) בעזרת מיקסר המעמד, מקציפים את השמנת הבכבדה לקצף נוקשה.
לְהַפְרִישׁ.

m) בעזרת המיקסר, מערבבים את גבינת השמנת עד לריכוך. מוסיפים
את אבקת הסוכר לגבינת השמנת, ומערבבים עד לקבלת תערובת אחידה.

n) מוסיפים את הקצפת לתערובת גבינת השמנת. מערבבים עד לקבלת
תערובת אחידה.

טופינג מוקצף:

o) בעזרת מיקסר, מקציפים שמנת בכבד עד לאישל בינוני.

p) מוסיפים סוכר רכוב וממשיכים להקציף עד שנוצרות פסגות נוקשות. ויא
להקציף יתר על המידה.

הַרְכָּבָה:

q) מורחים מילם גבינת שמנת ואופן וושה לאורך תחתית קצב אפהיי.

r) מכסים את מילם גבינת השמנת במילם פרפרת מכון וממלאצננ.

s) מכסים את אפהיי בציפוי מוקצף.

t) מפזרים שוקולד ציפ'ס קצוץ.

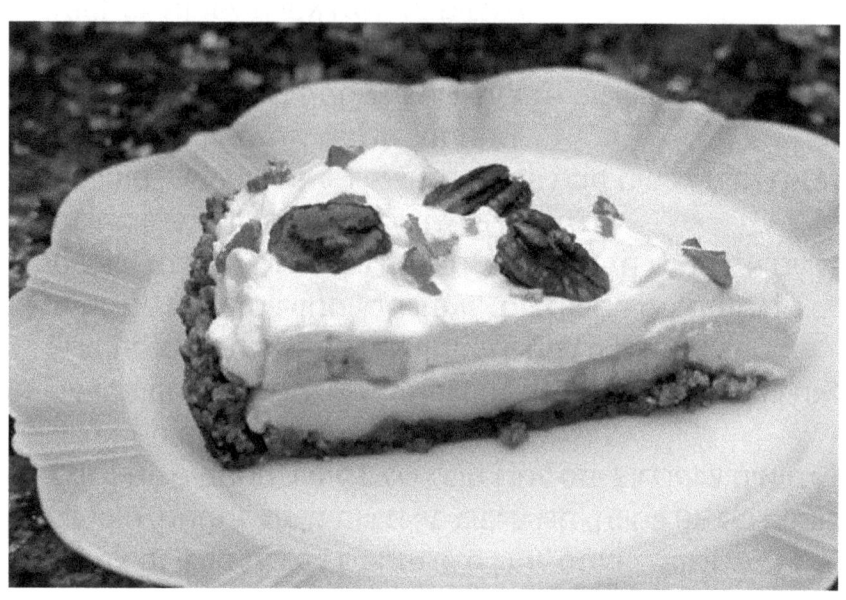

רכיבים:

קורם פאפ קאפן (ועוצר 1 קורם פאפי):
- 1 כוס קמח לכל מטרה
- 1 כוס אגוזי פקאן קצוצים דק
- 4 אונקיות חמאה מומסת

מילוי פרפרת (עשוי מילוי פאפ 1):
- 1 כוס חלב מלא
- 1 כוס חצי-וחצי
- 1 כוס סוכר מגורען
- ¼ כוס עמילן תירס
- 3 חלמונים
- 1 ביצה שלמה
- 1 כף תמצית וניל

מילוי גבינת שמנת:
- 1 כוס שמנת בבדה להקצפה
- 8 אונקיות גבינת שמנת
- 1 כוס אבקת סוכר

טופינג מוקצף:
- 2 כוסות קצפת בבדה
- ½ כוס אבקת סוכר

הַהֲרְבָּבָה:
- קורם פאפ מוכן ומקורר
- ¾ כוס מילוי גבינת שמנת
- 2 בננות פרוסות על ההטיה
- פרפרת מוכנה ומצוננת
- טוסת מוקצפת
- כ-2 כפות אגוזי פקאן קצוצים

הוראות:

קורם פאפן:

a) מערבבים את כל החומרים עם הידיים.

b) מעדנים לחלל ואופן שווה על כל הדקים לתבנית פאפ ריק הגובה 9 אינץ'. הקפידו וחללו בצורת פני כלחת הפאה רות תשומת לב מיוחדות. אל מרומים להיות סדוקים.

(c) אופים את הקורס ב-375 מעלות למשך 15-כ דקות תור בדיקת מידה
העשייה ב-10 דקות.

(d) מצננים על רשת אפייה לפחות 45 דקות.

מילוי פרפרת:

(e) בעזרת סיר מערבים חלב וחמאה יחד. מחממים על נמוך עד שהוא
מתחמם, הזהרו אל להרחיף את החלב.

(f) בקערה נפרדת מקציפים סוכר וחמאה עד שתרית סרת. לאחר האיחוד,
חלמונים יבוצו לשמל לתערובת עמיל ותריש.

(g) מטמפררים את החלב חם/ממוחמם יחד תערובת לתוך תערובת הביצה.

(h) יוקים את **המצרכים המשולבים:** לואת סיר מחזיריס לאש על בינוני
תור הפירט לב מזה. לא תסתלק - המשכה ולהקפיץ.

(i) לאחר שהתערובת הסמיכה לעקבות פודינג, מסירים אותה מהאש.
מוסיפים לינו אחרא.

(j) מכסים בניילון נצמד כדי למנוע הייווצרות עור. מקררים לפחות 45 דקות עד
להתקררות.

מילוי גבינת שמנת:

(k) בעזרת מיקסר מעמד, מקציפים את השמנת הבכבה לקצף השוקן
לְהַפְרִישׁ.

(l) בעזרת המיקסר, מערבים את גבינת השמנת עד לריכוך. מוסיפים לאט
את אבקת הסוכר לגבינת השמנת, מערבבים עד לקבלת תערובת אחידה.

(m) מוסיפים את הקצפת לתערובת גבינת השמנת. מערבבים עד לקבלת
תערובת אחידה.

טופינג מוקצף:

(n) בעזרת מיקסר, מקציפים שמנת מתוקה עד לאישל בינוני.

(o) מוסיפים סוכר רבוע וממשיכים להקציף עד שנוצרות פסגות נוקשות. אין
להקציף יתר על המידה.

הַהְרְכָּבָה:

(p) מורחים מלית גבינת שמנת באופן שווה לאורך תחתית קצב האפיה.

(q) כבש את הבננות החתוכות שלבכל על גבי מלית גבינת השמנה.

(r) מכסים בננות במלית פרפרת הבכונה ומצטננן.

(s) מכסים את האפיה בציפוי מוקצף ואגוזי פאקן קצוצים.

10. פשטידת גלידת חלב דגנים

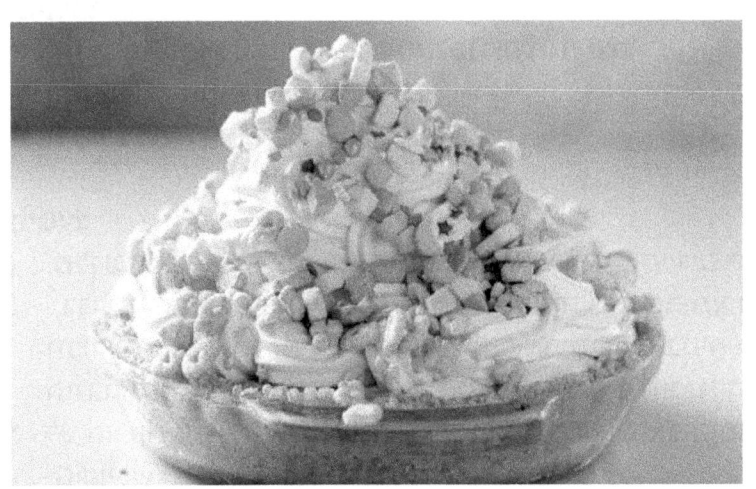

רכיבים:

- חצי מן הנה קורופלנקסק קראנע' [180 גרם (2 כוסות)]
- 25 גרם חמאה מומסת [2 כפות]
- 1 הנה גלידת חלב גדנים

כיוונים

a) בעזר הידייהם מפוררים את אשכולות הקורופלנקסק לחצי מגודלם.

b) זרוקים את החמאה המומסת לתוך קראנע' הקורופלנקסק המפורר, חלק את האצבעות וכופות הידייהם, בעזרה תרזה האצבעות וכופו האצבעות .בטיה ברעברים וממעברים בתניב שתחתתית הופדנו בתניב ,ודאו שתחתתית 10 איני', בחוזקה לתוך בתניב פאי גבוד 10 הפאה מכוסים באוף ושוה. הווש ,נעטו בניילון, ותני להקפיא את הקרומה עד שבועיים.

c) מקפיאים את אפה. השתמשו ומרית דכי לפזר את הגהדילד לתוך מעטפת הפאה. האפה אות שעות הלפחת או עד שההגידלד הקאופו מסקיק שק רב בפוטע בניילון, הפאה ייוש שמשי שבועיים שהשפטישדי קלח לחתור והלגיש. עטוף בניילון, הפאה ייוש שמשי שבועיים במקפיא.

11. PB ו-J יאפ

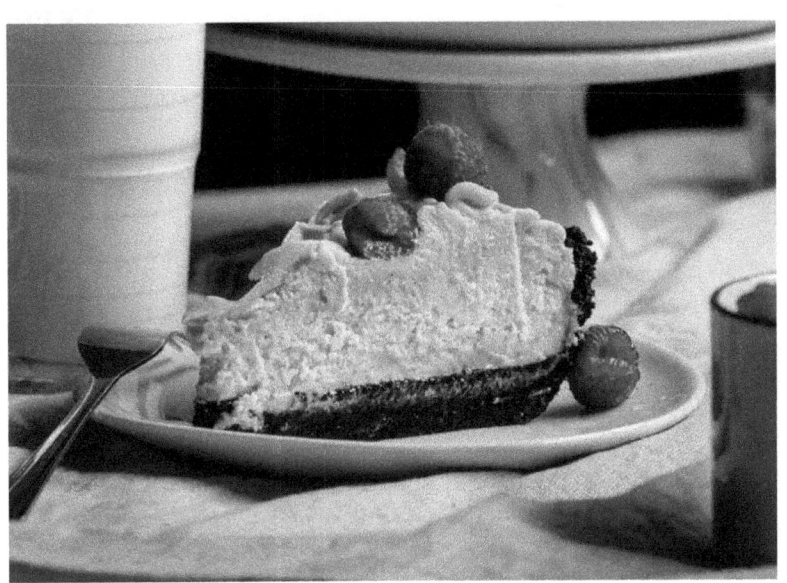

:םיביכר

- יופא אל 'ענארק ץיר הנמ 1
- םינטוב תאמח חמצ הנמ 1
- דרוקנוק יבנע הברוס הנמ 1
- דרוקנוק םיבנע בטור הנמ ½

םינוויכ

a. .סויזלצ תולעמ 275-ל רונתה תא םיממחמ

b. תרעב .'ניא 10 לדוגב יאפ תינבת ךותל 'ענארק רותל Ritz-ה תא םיצחול תוסכל ידכ ,םינפ הכזוחב 'ענארקה תא ץחל ,םיידיה תופכ וא תועבצאה תא הלחה התחתהו ןודדצהו .אלמו הווש שומיפ ןפואב

c. תויהל ךירצ ץירה בורס .תוקד 20 ךותל םיפואו תינבת לע תבתהה תא םיחינמ 'ענארקה רשאמ האמח בוטב רתוי קומע טעמ ומעו בוהז הזה םוח רתוי טעמ ,ןוילייבנ ףוטע ;ןוטולחל ץיר 'ענארקה בורס תא םנצמו .ותיא תלחתהש .םיעובשב דע םורקה תא איפקהל ןתיו

d. ןכמ רחאלו יאפה קצב תיתחת לע םינטובה תאמח חמצ תגוג תא םירזפמ הבכש םיאיפקמ .החוטש הבכש תריציל הטמ יפלכ ותוא םיצחול תגונה לע הברוסה תא םירחומ .הביציו הרק איהש דע וא תוקד 30 ךשמל וז הברוסהש דע איפקמל יאפה תא םיסינכמ .הדיחא הבכשל ותוא םירחומו העש דע תוקד 30 ,קצמתמ

e. הדובעבה יאפה תא ןוילעה הקלח לע דרוקנוק לש םיבנעה בטור תא םירחומ הברוסה לע הווש ןפואב ותוא םירזפמ הריהמ

f. .השגהלו תוסורפל הנכומ איהש דע איפקמל הרזח הדיטשפה תא םיסינכמ עטוף (בעדינות) ,ןיתו הקלפיא תא הפאי דע חודש

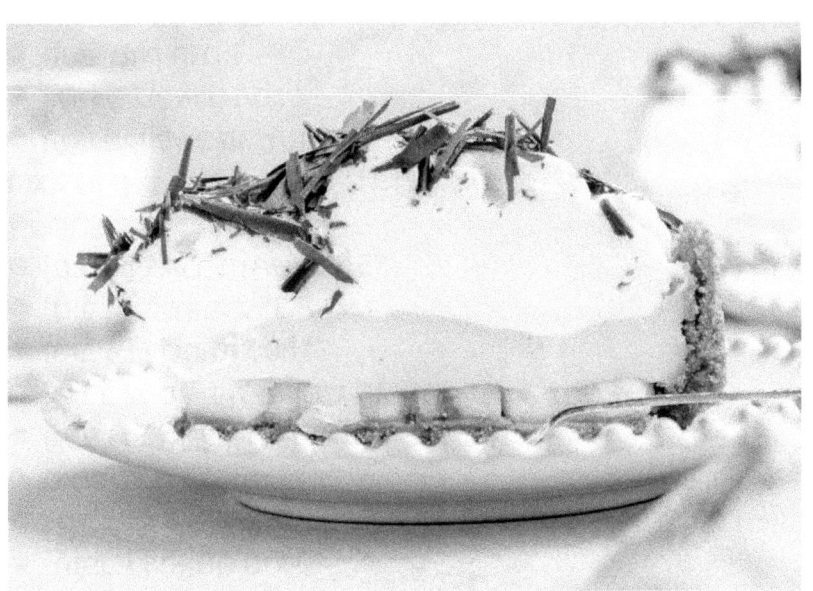

עושה פאי 1 (10 אינץ'); משרתים 8 עד 10

רכיבים:
- 1 מנה קרם בננה
- 1 מנה קראסט שוקולד
- 1 בננה, קר בשלה, פרוסה

קרם בננה
- 225 גרם בננות
- 75 גרם שמנת בבדה [⅓ כוס]
- 55 גרם חלב [¼ כוס]
- 100 גרם סוכר [½ כוס]
- 25 גרם עמילן תירס [2 כפות]
- 2 גרם חלם בשר [חצי כפית]
- 3 חלמונים
- 2 דף ג'לטין
- 40 גרם חמאה [3 כפות]
- 25 טיפות עצב מאכל בהוג צהוב [חצי כפית]
- 160 גרם שמנת בבדה [¾ כוס]
- 160 גרם סוכר רבוק קונדיטורים [1 כוס]

כיוונים

a) יוצקים מחצית קרם הבננה הקלי לפיה ואפה. יש לאחסן את שארית קרם הבננה בתונה. זאו את מסכים את הבננה בקרם הבננה התונה. מערבבים במרקר ואלוך רוח יום מרגע הנכבה.
השפטיגדי במרקר ואלוך תור יום מרגע הנכבה.

b) מערבבים את הבננות, השמנת והחלב בבלנדר ומטגנים עד לקבלת תערובת הקלה לחלוטין.

c) מוסיפים את הסוכר, רבוק, עמילן ותריס, חלמה והחלמונים בערב. חציקים את התערובת ליסר ביונינ. הקנה את תערובת תקבלת עד לקבלת תערובת אחידה. מכים בבלנדר.

d) להפריח את הג'לטין.

e) כבל. מקפיצים את תוכלת החמתב חממים על שא לינוני-חבוכה. מבימאי לתרחית האלחו כמן שתערובת הבננה מתחמם, מבימאי איה בתעבה. תתערובת עד לבישול 2 דקות. בשמר מרמר ץרטוק לבישול של מאל העמילן. המדת בדל קבע הבע, על לוגב המלט, סם עצב שיתאיי.

f)   שפכו את תכולת המחבת לבלנדר. מוסיפים את הג'לטין הפרוה ואת
שפכו את התערבות את צבע. צחאיד שהתערובת עד שמתערבבים האמחה
צבע מאב לצהג עד לקבל צהוב קריקטורה-בנבן הוהק.

g)   מעבירים את התערובת הבננה לכלי בטוח חום, ומכניסים למקרר של
30 עד 60 דקות - כב עוד נדרש להתקרר לחלוטין.

h)   העזרת מטפרה או מיקסר עם חיבור המקפצף, מקציפים את השמנת
והסוכר הקונדיטורי לפסגות ביניוני-רכות.

i)   מוסיפים את תערובת הבננה הקרה לקלפת וטורפים בעיטות עד לקבלת
צבע אחיד והומוגנית. נשמר בכלי אטום, קרם הבננה שומר על טריות עד 5
ימים במקרר.

13. <u>פאי בראוניז</u>

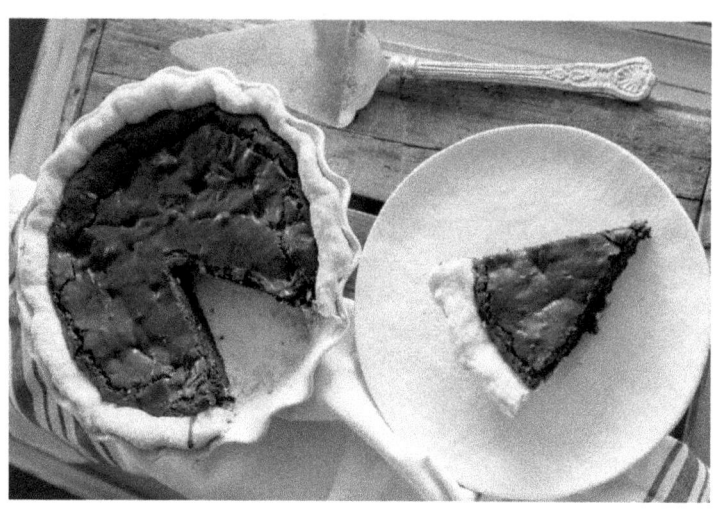

כריבים:

- ¾ מנה הגרה מהרג קראסט [255 גרם (1½ כוסות)]
- 125 גרם שוקולד [4½ אונקיות] 72%
- 85 גרם חמאה [6 כפות]
- 2 ביצים
- 150 גרם סוכר רבוס [¾ כוס]
- 40 גרם קמח [¼ כוס]
- 25 גרם אבקת קקאו
- 2 גרם חלם בשר יציב [חצי כפית]
- 110 גרם שמנת בדבה [½ כוס]

כיוונים

a) מחממים את התנור ל-350 מעלות צלזיוס.
b) שפכו 210 גרם (1¼ כוסות) קראסט מהרג לתוך תבנית האפי לגודל 10 זערתה האצאעות וכפו תופות. בצד (¼ כוס) 45 גרם הנותרים. והניחו את אתʼ איניʼ חולצים את החמה תרוק לתוך הקזוח חומרו את סוכמים יאפה תבנית לתוך תחתית דיידיי, וידפנו התבנית לחלוטי. טעמו פיניייוון, ותין לשמור את חומרה בקירור או עד אופיה לשבועיים.
c) מערבבים את השוקולד והחמאה האמתקה הרעקב לימיקרוגל מסימים ושמתמה במרית. אותם בדעידוני חדי על נמר למשך 30 עד 50 שניות. עד שהתערובת בקירק הקלחו. חסינת חום בכלי בעראל אותם דחי, עד שהתערובת מבקריה הקלחו.
d) מערבבים את הביצים והסוכר רבכו מיקסר של הרעקב עם ביחור מקצפף ומקציפים חדי חום בגבוה למשך 3 עד 4 דקות, עד שהתערובת וויריר לתור האתו ולבן, וקתן את המהרפה, ובטל האתו לתור עתערובת. הוהבו וריחור עיגהה בצמל טרס (ותקן את הנייפה האתו המידק הרוחאו וכב תלטוטמ: תערובתה המוקצפת והפינו ואתו המידק הרוחאו וכב תלטוטמ: אם לייצר טרס רימר שישמו לפונש זאו נעלס לתור הבלילה.) התערובת אל תרצו טרסים, ממשיכים מקצפים יפל הובג הצקמי רוצה. התערובתה אל תרצו טרסים, ממשיכים מקצפים יפל הובג הצקמי רוצה.
e) חלפה את המהרפת הביחור. שפכו את תערובת השוקולד לתור ובערבו דחי הבקצר על נמכו, האלו כמכן הגריבה ואת המהירות ודע איש מוח הביצי עובר לתור התערובת בשמ הקד חתא, או ואת הצענה את התערובתה מבכם דוע ותרח, חתור של שוקולד, אם שי פסים כהיס של שוקולד. הוהומוגנים לחלוטין. הערקה פנות את מגרדים או לפל הצורה. ואו לפל הצורה.

f) מוסיפים את הקמח, אבקת האקקה והמלו ומשוטטים במהירות נמוכה
במשך 45 עד 60 שניות. אל צריכים להיות גושים של חומרים יבשים. אם
יש גושים, מערבבים עוד 30 שניות. מגרידים את דפנות הקערה.

g) חזה פנימי את השמנת הבכה במהירות נמוכה, תוך ערבוב במשך 30
עד 45 שניות, רק עד שהבלילה התחררה מעט ופסי השמנת הבלבנים
מתערבבים לגמרי פנימי. מגרידים את דפנות הקערה.

h) מנקים את ההנעה ומוציאים את הקמיסר. מפליסים פנימי המינם
בעדינות את קרק הגהרה של 45 גרם (1⁄4 כוס) בעזרת מרית.

i) בעזרת. מרית מדרגים את בליל הארבעינון לתוך קליפת הגהרה. מוסיפים
מרית מדרגים את בליל הארבעינון לתוך קליפת הגהרה. אופים במשך 25
דקות. השפיטדית האמרה להתנפח מעט בצדדים ופלתח חתום קרק לעמל.
אם השפיטדית הארבעינון נוזלי בזילון נוצר הרצון אלו נוצר קרק, אופים אותה
5-כ דקות נוספות בערך.

j) מצננים את האפה על ידי הנחת קערילה להתיל את זרח וניתן. ניתן על רשת
לקרר. עטפו הפוט בניילון, השפיטדית הבארנונ עדיין נוזלי בזמרקז או לקמקר
שיריית המתהרון או אתם (המהרים). עטו הפוט בניילון, השפיטדית הטרית במקרר עד שבוע או
במקפיא עד שבועיים.

14. פאי חגבים

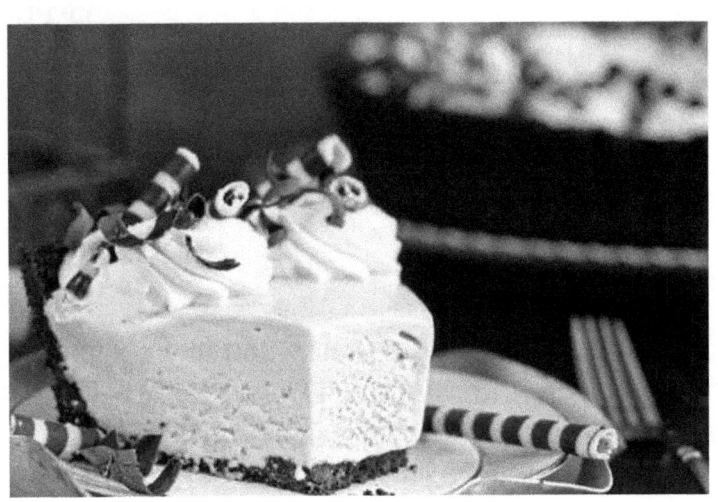

:םיביכר
- 8 בלש דע הנבוהש ,יאפ ינוארב לש תחא הנב הנמ
- 1 הנמ יולימ תגוע ןיבגה תנטמ
- 20 םרג ינימ דלוקוש ץ'יפס [2 תופכ]
- 25 םרג ינימ ולמשרמ [½ בוס]
- 1 הנמ זיילג הנטמה, חם

םינוויכ
(a) .סויזלצ תולעמ 350-ל רונתה תא םיממחמ
(b) .ןיקצוי .הרהג רוזק לש יאפה תינבת תא הליע וחינהו ןידס תינבת וספ תפס תא םילמ תילת תגוע הניבגה רותל הקילפה .יוצקיס וילעמ תא בללת תא םילוי תאו הליליבה תא ררחסל ידכ ןיכסה הצקב ושמתשה .זינוארבה העבמ וארישו ידכ העננה תילמ לש סיסב לש תורגתה ידכ רות, העננה .זינוארבה תלילבל
(c) .םיריאשמו ,יאפה זברמב הנטק תעבטל ץ'יפס דלוקוש ינימ תא םירזפמ תעבטל ביבסמ תעבטל ולמשרמ ינימ תא םירזפמ .ריק רושה זברמ תא ספי'צ דלוקושה
(d) לבא תווצקב טעמ חפנתהל ךירצ הז .תוקד 25 ךשמב יאפה תא םיפוא םיליחתמ םה וליאכ הארי ספי'צ דלוקוש ינימ .זברמב יתדונת תויהל ןיידע יאפה תא הארשה .הווש ןפואב ףוזש תויהל ךירצ ולמשרמ ינימו ,סמיהל .הרקמה אל הז םא תופסונ תוקד 4 דע 3 ךשמל רונתב
(e) .ותוא םימייסמש ינפל ןיטולחל יאפה תא םיננצמ
(f) גוגיזה ךותל גלמנ לש םיניש תא ובלט .עגמל םח ןיידע ךלש גוגיזהש ודא .הגועה לש הגוע זברמ לעמ 'גניא 1-כ גלזמה תא ולשלתשה זאו ,םחה
(g) המ - השגהה ינפל קצמתי העננה גוגיזו ידכ ררקמל יאפה תא וריבעה ירט רמשיי יאפה ,ןוילייבנ ףוטע .תוקד 15-כ ,הרק איהש עגרב הרקיש .םייעובש דע איפקמב וא עובש דע ררקמב

15. פאי בלונדי

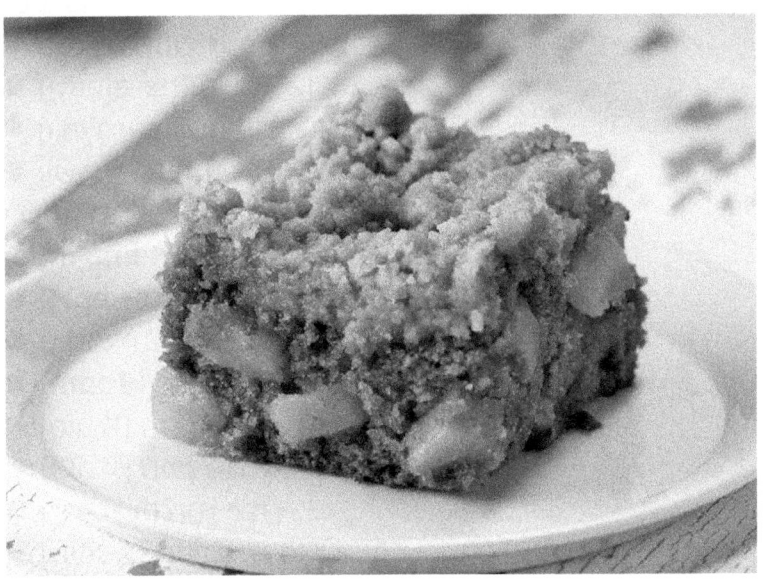

10 דע 8 םיתרשמ ;('ץניא 10) 1 יאפ השוע

:םיביכר

- טסארק םהרג הנמ ¾
- [(תוסוכ יצח) םרג 255]
- ידנולב יאפ יולימ הנמ 1
- וישק ןילרפ הנמ 1

יולימה רובע

- [תויקנוא 5½] ןבל דלוקוש םרג 160
- [(לקמ יצח) תופכ 4] האמח םרג 55
- םינומלח 2
- [תופכ 3] רכוס םרג 40
- [סוכ ½] הדבב תנמש םרג 105
- [סוכ ⅓] חמק םרג 52
- ךירפ וישק הנמ יצח
- [תיפכ 1] רשכ חלמ םרג 4

םינווכ

a) לגורקימל המיאתמה הרעקב האמחהו ןבלה דלוקושה תא םיבברעמ ובברע ךות ,תוינש 30 לש םיחוורמב ,תינוניב לע תונידעב םתוא םיסממו תלבקל דע תבורעתה תא םיפיצקמ ,הסמהה רחאל .ץוציפל ץוציפ ןיב .הקלח תבורעת

b) תבורעתל דחי םיפרוטו תינוניב הרעקב רכוסהו םינומלחה תא םימש .דוחיאל םיפיצקמו ןבלה דלוקושה תבורעת תא המינפ םיקצוי .הדיחא .דוחיאל םיפיצקמו הדבכה תנמשה תא תויטיאב המינפ םיפטפטמ

c) םילפקמ זאו ,הנטק הרעקב דחי חלמהו ךירפ וישקה ,חמקה תא םיבברעמ דע ררקמב םוטא ילכב ןסחא וא ,דימ שמתשה .יולימה ךותל תוריהזב םתוא .םייעובש

יולימה רובע

d) .סויזלצ תולעמ 325-ל רונתה תא םיממחמ

e) תרזעב .'ץניא 10 לדוגב יאפ תינבת ךותל םהרגה םורק תא וכפש ,יאפה תינבת ךותל הקזוחב םורקה תא ץחל ,םיידיה תופכו תועבצאה תא םיניכמש ןמזב דצב םיחינמ .הווש ןפואב תונפדהו תיתחתה תא הסכמ דע איפקהל וא רוריקב םורקה תא רומשל ןתינ ,ןוליינב ףוטע .יולימה .םייעובש

f) מנחיים את תבנית האפיה על תבנית ויציקים פנים את מליית האפי הבלונדי. אופים את האפי במשך 30 דקות. הוא יתקבע מעט במרכז וצבעו הכהה. מנחיים להתקרר מינוחים אם הזה אם דקות 5 עד 3 ספוק החדר.

g) רגע לפני הנפילה ההגשה מכסים את החלה עליון של האפי בפרלין קשיוי.

16. פאי בר ממתקים

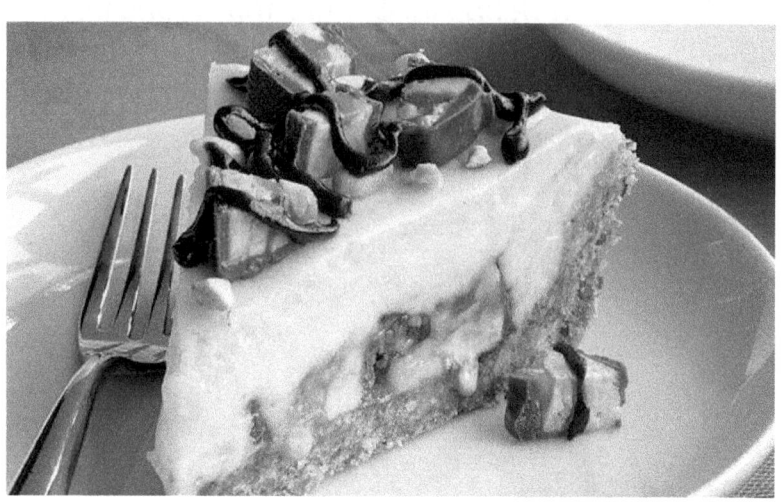

8 תרשמ ;('ץניא 10) 1 יאפ השוע

:סיביכר

- סמוס ,חולמ למרק הנמ 1
- רוריקב ,דלוקוש טסארק הנמ 1
- הלגייב ינימ 8
- סינטוב תאמח טגונ הנמ 1
- [תויקנוא 1½] 55% דלוקוש סרג 45
- [תויקנוא 1½] ןבל דלוקוש סרג 45
- [תופכ 2] סיבנע יערז ןמש סרג 20

סינוויכ

a) תובצייתהלררקמל ותוא סיריזחמ .סורקה ךותל חולמה למרקה תא סיקצוי הלילה ךשמל וא ,תוחפל תועש 4 ךשמל.

b) .סויזלצ תולעמ 300-ל רונתה תא סיממחמ

c) דצב סיחינמ .תוקד 20 סילוצו תינבת תינבת לע הלגייבה תא סיחרומ .וניצל

d) .טגונב השקתהש למרקה ינפ תא סיסכמו ררקמהמ יאפה תא סיאיצומ .הדיחא הבכשל טגונה תא קילחהלו ץוחלל ידכ סיידיה תופכב שמתשה .העש ךשמל קצמתהל טגונל סינתונו ררקמל יאפה תא סיריזחמ

e) המיאתמה הרעקב ןמשהו סידלוקושה בוליש ידי לע דלוקוש גוגיז סיניכמ ךות ,תוינש 30 לש סיחוורמב תינוניב לע תונידעב תסמהו לגורקימל תבורעתה תא סיפיצקמ ,סמנ דלוקושהש רחאל .ץוציפל ץוציפ ןיב בוברע וא ,סויה ותואב גוגיזב ושמתשה .הקירבמו הקלח תבורעת תלבקל דע .תועובש 3 דע רדחה תרוטרפמטב סוטא ילכב ונסחא

f) סיעבוצ קצב תשרבמ תרזעבו ררקמהמ התוא סיאיצומ :יאפה תא סימייסמ גוגיזה סא) .ירמגל ותוא הסכמו ,טגונה לעמ דלוקושה גוגיז לש הקד הבכש סירדסמ (.יאפה לע רייצל לק היהיש ידכ תונידעב ותוא סיממחמ ,קצמתה הפאמה תשרבמב ושמתשה .יאפה ילוש ביבס הווש ןפואב הלגייבה תא תא סוטא ,הלגייבה לעמ הקד הבכשב רתונש דלוקושה גוגיז תא עובצל ידכ .סמעטו סתוירט

g) ףוטע .דלוקושה תובצייתהל תוחפל תוקד 15-ל ררקמל יאפה תא וסינכה דע איפקמב וא תועובש 3 ךשמל ררקמב ירט רמשיי יאפה ,ןוליינב .השגהה ינפל רישפהל ;סיישדוח

a) הסורפ לכ לע :קירדמכ הלגייבב ושמתשה ,תוסורפ 8-ל יאפה תא סיכתוח .סלש הלגייב תויהל ךירצ

17. מרנג לימון-פשטידת פיסטוק

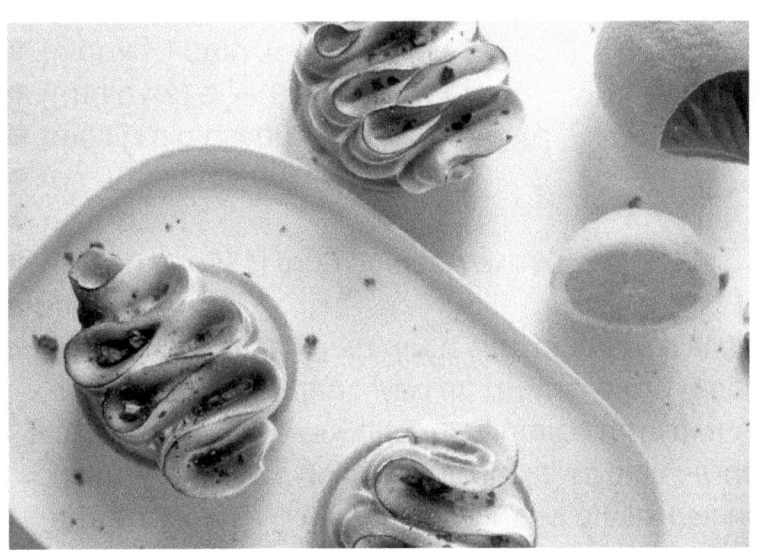

כרכיבים:

- 1 הנ'ה קרנא'ט פיסטוק
- 15 גרם שוקלד לבן, מומס [½ אונקיה]
- ¼ הנה מלון קרוד [305 גרם (1⅓ סובת)]
- 200 גרם סוכר רבוע [1 כוס]
- 100 גרם מים סובת [½ כוס]
- 3 חלבוני ביצה
- ⅓ גשת Lemon Curd [155 גרם (¾ סובת)]

ויכווינס

a) שפכו את קרנא'ט פיסטוק לתוך תבנית יאפ דלוג 10 יאנ'. בזהרת, חלץ את הקרנא'ט בחוזקה לתוך תבנית פאה, האצבעות וכפו תופדיה, חלץ את הקרנא'ט מזה דצב וריאשה. השוו, ודאו שהתחתית הדפונת וכסוזת באופן כוסמ עד שבועיים, טעט ביניי'ולו, הקרה ובי להיות בקירור, עד שבועיים.

b) זעמת ברבמשרת קצב בוצעים בשבה הקד של השוקלדה לבנה עד התחתית. הביצה את הקרומ למקפיא למשך 10 דקות עד על פדונת הקרומ. השוקלדה ביוביל.

c) שים (305 גרם (1⅓ סובת) ומלון קרק הרעלה הנטק עמרובביס ידכ שלחרר. מדרגים את קרק למלון ומשתמשים בגב של פכ או אותו ותוא. מניחים את האיחה בשבשה. מרת ידכ לפל אותו ושבה הביל עד 10 דקות ידי לעזור ליל בצחיר את השבת ומלון קארד.

d) ביתתיים, מערבבים את הסוכר והוימה בסיר טן מעם תחתית הדבק מטופיפים. מניחים בעד תוונדות הסוכר רובסמ במבה מים עד שמרגישים ומכ ולח רוטב. עד שההתערבות עד 115 צלזיוס ל-115, ביונונת מחממים את התהרמומ במבה זערת מוחדם (239 פרנהייט), רוך קמע בקהם את הכרמפטורה ראחר או מלמתקים.

e) מזן שהרבוסה מתחמם, כהניסה את הבלבונים מתמחמם, שהכרבוסה מזן מחלתה ולהקיטף אותם ספלגות בינונות-ובכר.

f) (239 פרנהיית) סוזלצ תולמע 115-ל עימ מגר רבוסה השיריף שריסה עגבר, תוך הקדפה לאמינה המתקמס ביחמכים את שהמ שאהם ושיפוכים ותות אותם ברך לותל תפצקה החלבונים. מנכימבים את המקמס להירות נב המבוכה: מנמיכים עד שיעוס אם כן אלא, אך ברית שאתם שישוע תזא , המבכה אחראי כ המס סימני ברירת מענים על פהנים שלך.

g) תורות מהרות את הרחב וריבגה, החלבונים פסוה רבוסה לכש לכב רחאל, מתקרר עד שאוה המתקרר למטפרטור החדר.

h)   בזמן שהמרגנ שמקציפים, שמים את 155 גרם (¼ כוס) חלימו ןבקערה
גדלו ומערבבים, בעזרת מרית, כדי לשחרר ותא מעט.

i)   בשהמרגנ התקרר לטמפרטורה החדר, מכבים את הסקירמ, מוציאים את
שבהמרגנ ןותל המרגן ךותל הלימון םע המרית דע שלא ןשאריי
ספס לבנים, זהרים אל לרוק את המרגנ.

j)   מוציאים את הפאי מהמקפיא וקורפים את המרגנ על גבי הלימון ןומילה
בעזרת ךפ מרוחים את המרגנ בשבכה הדיחא םכסמו לחלוטין תא
לימון קארד.

k)   ובליין) פוטה היבט בנוגע. עטמו לשימוש דע במקפיא את הפאי לפחות 3
שעמישיג, וא מאחסנים את הפאי במקפיא עד שבוע. הנחי
לפשטטידה להפשיר ליל במקרר וא לפחות 3 שעות בטמפרטורת החדר
לפני ההגשה.

18. יאפ קארק

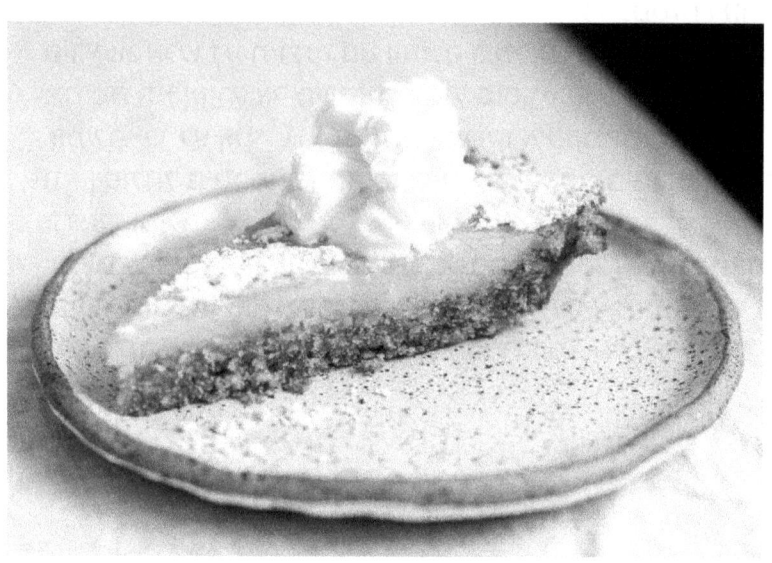

מכין 2 שפטיטוד (10 אינ'); לב אחד משרת 8 עד 10

רכיבים:

- מנה אחת של עוגיית שיבולת שועל
- 15 גרם סוכר חום בהיר [כף 1 ארוז היטב]
- 1 גרם חלמ [¼ כפית]
- 55 גרם חמאה, מומסת, או אולפי הצורה [¼ כפות (½ מקל)]
- 1 המנה מילוי קארק יאפ
- כוסב של של קונדיטורים, לניקוי אבק

רבע המילוי

- 300 גרם כוסב מגורען [1½ סוכות]
- 180 גרם כוסב חום בהיר [¾ כוס ארוז היטב]
- 20 גרם אבקת חלב [¼ כוס]
- 24 גרם אבקת סרית [¼ כוס]
- 6 גרם חלמ כבשר [חצי כפית]
- 225 גרם חמאה מומסת [16 כפות (2 מקלות)]
- 160 גרם שמנת דבש [¾ כוס]
- 2 גרם תמצית ונילי [חצי כפית]
- 8 חלמונים

כיוונים

a) חממים את התנור ל-350 מעלות צלזיוס.

b) הכינס וסינה את עוגיית שיבולת שועל, לסה וכסומחה מהולחו הלממד בעזמל זומן (אם אין כל בעמד זומן, השתמשו בטור לחול תקרפתה שהעוגייה עד תובכלו ולעפהו בשקידה לעוסה עוגיית שיבולת את ורופלו ותוא ויכתש עד פייז לוכי את התא עם הידייס.)

c) מעריבים את הפירורים לקערה, מוסיפים את האמחה ולשים את התערובת הוא אם זה. ל שים את האמחה והועגיות החטונות עד שהן תוחל מספיק כדי לריצ רודכ אם הוא (¼½ 1 עד 1 כף) 25 גרם 14 עד 25 גרם מיסימ עד שלושת זאז, ממסיים כדי לעשות חל לא המספיק התוא לשים המינפ האמח.

d) מחלקים את קרק שיבולת שועל לעשה בין 2 תבניות יאפ (10 ותויגעו קרק את בחוזקה לחצ עד הידייס, חל, ותופכ ותבעה תוצבאה תרזעה. בעזרת אני'.) הבתנית תונודפ תיתחתת שתשת ואדו, יאפ תבינת לב רותל לעושה שיבולת ולייינב בטיה ופטע או מיד, יאפ בקילופת ושמתשה. הווש ופואב מיסוכמ ואסחאן בטמפרטורת החדר עד 5 ימי או במקרר עד שבועיים.

e) שים את פיליפ יאפה על תבנית. מחלקים את מילת הקארק יאפ ופואב בין קורה; מילוי קרצ ירקי למל אותם בשלושה מעיר. אפוים בואב הווש בין קרקה

15 דקות בלבד. הפשטידות צריכות להיות בצבע חום זהוב מלמעלה, אבל
עדיין יהיו מאוד רוטטות.

(f) פתח את דלת התנור והנמיכו את טמפרטורת התנור ל-325 מעלות
צלזיוס. בהתאם לתנור שלך, ייתכן שיחלפו 5 דקות או יותר עד שהתנור
יתקרר לטמפרטורה החדשה. שמור את הפשטידות בתנור במהלך להתיר
זה. כשהתנור מגיע ל-325 מעלות צלזיוס, סגור את דלת הפה ואפה את
הפשטידות עדיין צריכות להיות 5 דקות יותר. הפשטידות טור
במרכז ועין השרה, אך לא לסבב ביבס הקצוות החיצוניים. אם המילוי נוסף
מדי, השרה את הפשטידות בתנור לשמר 5 דקות נוספות בערב.

(g) מוציאים ועדניות את בתנית הקארק פאי מהתנור ומעבירים לשרת ציניו
לטמפרטורת הדחה. (לכות לזרל את התלהי הקירור על ידי העברה
הפשטידות בזהירות למקרר או מקפיא אם את המהר.) לאחר כמבן
הפקיאי את לשר הפשטידות שעות תחלפ, או למשר הלילה, כדי
להעבל את המילוי לקבלת מוצר ספוי צפופ—הקפאה היא בטקניק
מחיתה והוצאה של קרק פאי במבצע הרוצה משלמת.

(h) אם לא מגישים את הפשטידות מיד, עוטפים היטב בנייר צמדן. במקרר.
הם יישמרו וטריים למשר 5 ימים; במקפיא, הם נשמרים למשר חודש
העבירו את הפשטידה המקפיא למקרר להפשרה של שעה תחלות אחת
לפני שאתם מכונים להביניס משל.

(i) גישה את הקארק פאי בכלש רק! מקשטים את הפשטידים בסוכר לש
או קונדיטוריס, או מעבירים אותו דרך מסננת הקד או מעבירים צבטות עם
האצבעות.

עבור המילוי

(j) מערבבים את הסוכר, סודה, חומה אבקת, בלחה אבקת תרית והומלח
מערבבים בחביר המצויד דנסט לבערמ של הערעה ומערבבים העננה בהיריות
נמכוה עד לקבלת תערובת אחידה.

(k) מוסיפים את החמאה המסומסת ומשטיטים במשר 2 עד 3 דקות עד כבל
החומרים בשיים חיל.

(l) מוסיפים את השמנת הבכבה והוני ממשיכים לערבב על רמן במשר 2
עד 3 דקות עד כבל הסיספה הבלינה מהקרק נעלמים לחלוטין ועתרבת
מגדירים את דפנות הקערה ברע מרית.

(m) מוסיפים את החלמונים, מכשיבים אותם לתול התערובת רק כדי להאחד;
מוסיפים את הוילואר לא היזהר התערובת, אך ודאו שהתערובת במריקה הומוגנית.
מערבבים בתירות נמכוה עד שזה יהיו.

(n) השתמש במילוי מיד, או אחסן בכלי אטום במקרר עד שבוע.

19. פשטידת גלידת חלב דגנים תירס מתוק

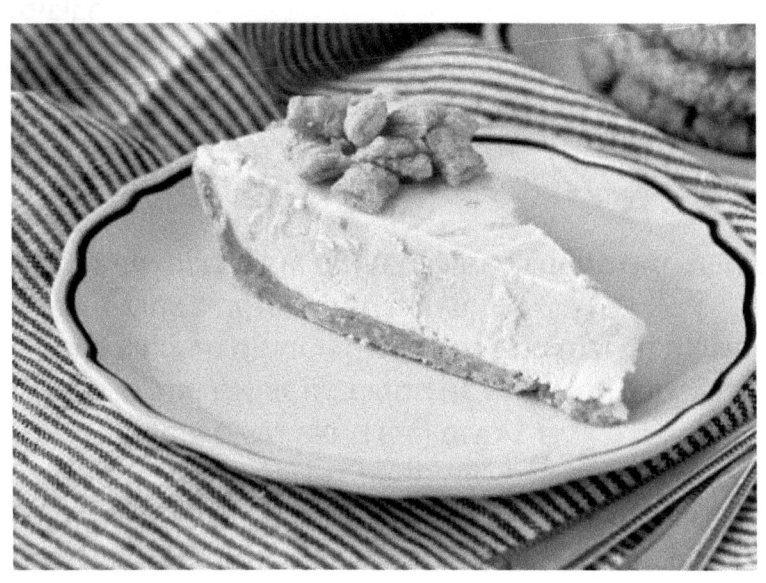

עושה פאי אחד (10-אינץ'); משרתים 8 עד 10

רכיבים:

- 225 גרם עוגיות תירס [בערך 3 עוגיות]
- 25 גרם חמאה מומסת או לפי הצורך [2 כפות]
- 1 מנה מילוי "גלידה" דגני תירס מתוק

כיוונים

a) מכניסים את עוגיות התירס למעבד המזון ומפעילים אותן ומבבות אותן עד שהעוגיות מתפוררות לחול צהוב בוהק.

b) בקערה, ללוש ביד את תערובת החמאה והעוגיות הטחונות עד שהיא לחה מספיק כדי ליצור כדור. אם הוא לא לח מספיק כדי לעשות זאת, ממיסים עוד 14 גרם (כף) חמאה ושלים אותה פנימה.

c) בעזרת האצבעות וכפות הידיים, לחץ בחוזקה את קרום עוגיות התירס לתוך צלחת פאי בגודל 10 אינץ'. ודא שהתחתית והקירות של צלחת הפאי מכוסים באופן שווה. עטוף בניילון, ניתן להקפיא את הקרום עד שבועיים.

d) השתמשו במרית כדי לגרד ולפזר את מלית "גלידה" חלב דגנים לתוך קליפת הפאי. דופקים את הפאי המלא על פני הדלפק כדי ליישר את המילוי.

e) מקפיאים את הפאי ל-3 שעות לפחות, או עד שה"גלידה" קפואה ומתייצבת מספיק כדי לחתוך ולהגיש. אם אתה שומר את פרוסות גן העדן שלך למועד מאוחר יותר, אתה יכול להקפיא את פשטידת הגלידה, עטופה בניילון, למשך עד שבועיים.

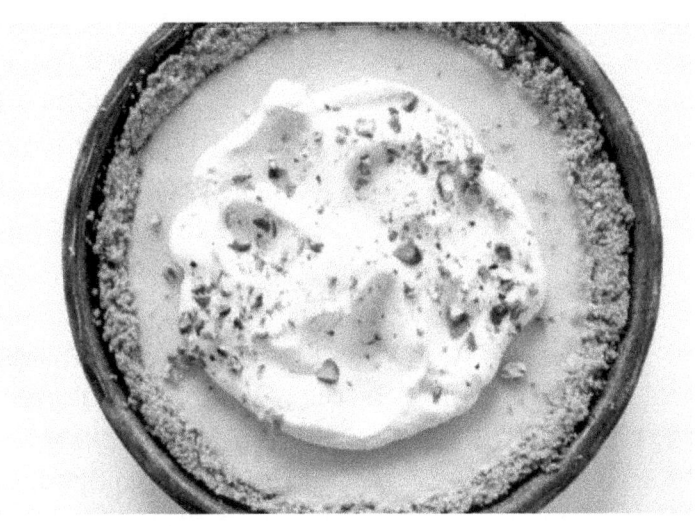

רכיבים:

- 1 בצק פאי קנוי בחנות
- 1 ½ ק"ג גבינת ריקוטה
- ½ כוס גבינת מסקרפונה
- 4 ביצים טרופות
- ½ כוס סוכר לבן
- 1 כף ברנדי

הוראות:

a) חממו תנור ל-350 מעלות פרנהייט.

b) בקערת ערבוב: **מרכיבי המילוי** את כל את הרכיבים בקערה ערבו. לאחר מכן יצוקים את התערובת לתוך הקרום.

c) חממו תנור ל-350 מעלות צלזיוס ואפים במשך 45 דקות.

d) מקררים את הפאי לפחות שעה לפני ההגשה.

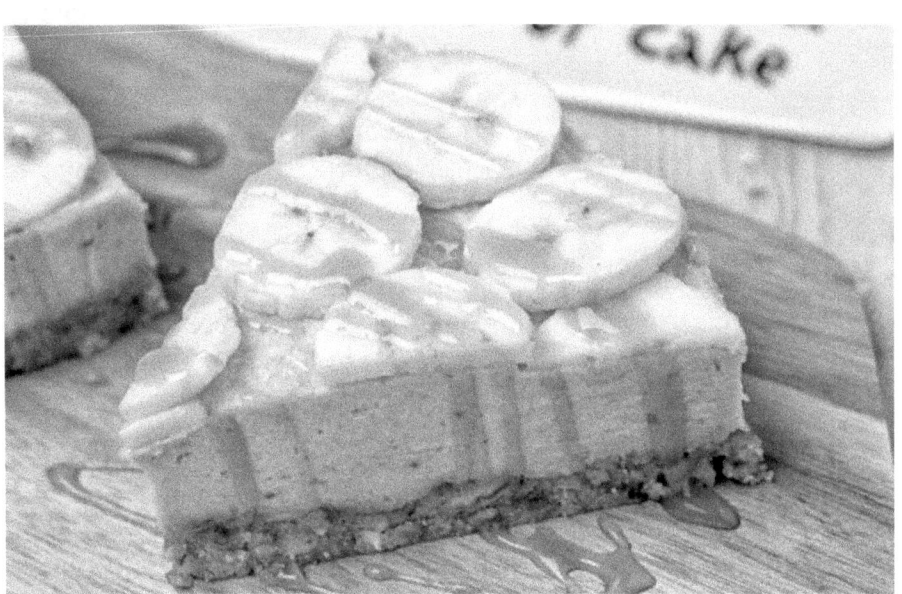

רכיבים:

- 1 1/2 כוסות פירי עוגיות לני טבעוניות
- 1/4 כוס מרגרינה טבעונית, ממסת
- 1/2 כוס אגוזי קשיו גולמיים ללא מלח
- 1 (13 אונקיות) פחית חלב קוקוס לא ממותק
- 2/3 כוס סוכר
- בננות בשלות
- 1 כף פתיתי אגר
- 1 כפית תמצית לני טהורה
- 1 כפית תמצית קוקוס (לא חובה)
- קצפת טבעונית, תוצרת בית או קנייה בחנות, וקוקוס קלוי, לקישוט

הוראות:

a) משמנים קלות את התחתית והדפנות של תבנית קפיצית בגודל 8 אינ' או צלחת פאי ומניחים בצד. במעבד מזון מערבים את פירירי העוגיות והמרגרינה ומקציפים עד שהפירורים בעבטים. מהדקים את תערובת הפירורים לתחתית ודפנות התבנית המוכנה. ומקררים עד הצורך.

b) בבלנדר מהיר בהר טוחנים את אגוזי הקשיו לאבקה. מוסיפים את חלב הקוקוס, הסוכר ואחת הבננות ומערבים עד לקבלת תערובת חלקה. מגרדים את התערובת לסיר, מוסיפים את פתיתי האגר ומניחים בצד ל-10 דקות לריכוך האגר. מביאר קר לרתיחה, ולאחר מכן מנמנים את האש לנמוכה ומבשלים, תוך כדי ערבוב מתמיד להמסת האגר, כ-3 דקות. מסירים מהאש ומערבים פנימה את מיץ הלימו, הווה תמצית לני ותמצית קוקוס, אם משתמשים בהם. להפריש.

c) חותכים את 2 הבננות הנותרות לפרוסות של 1/4 אינ' ומסדרים בצורה אחידה בתחתית המוכנה.

d) מחבת. מורחים את תערובת הקשיו-בננה למחבת, ואז מקררים עד צינון היטב. כשמוכן ומוכן להגשה, מקשטים בקצפת וקוקוס קלוי. שומרים שאריות מכוסות במקרר.

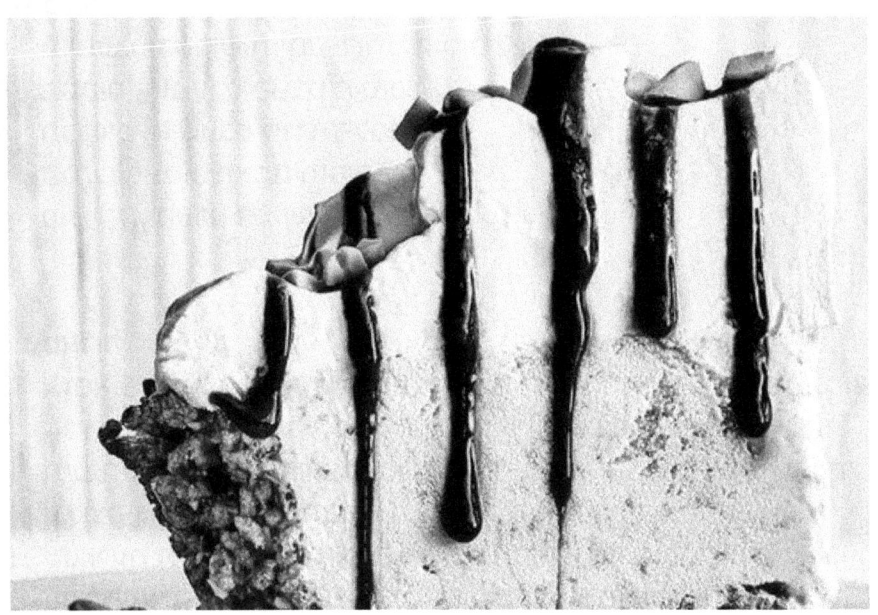

םיביכר:

- 11/2 תוסוכ ירוריפ תויגוע דלוקוש תוינועבט
- 1/4 סוכ הנירגרמ תינועבט, מומסת
- 1 רטיל תדילג לינו תינועבט, תבכורמ
- 2 תוסוכ תאמח םינטוב תנמש
- ילתלת דלוקוש ינועבט, לקישוט

תוארוה:

a) 'ינַיא 9 לדוגב תיציפק תינבת לש תונפדהו תיתחתה תא תולק ןינמשמ
ומינחיס דצב .בעמבד ןומ ןעברעמ תא ירוריפ הויגועתו המרגרינה
ומעבדים דע ירוריפשה ברוריפ םיטבטנ .הדמהקי תא תערורבת םירורוריפ תינבתל
המונבה המדהקים תלתחתית ודפנות התנבתים. םקרירי דע הצרור.

b) בעמבד ןומ ןעברעמ תא הגלידה חאמת בוטנים דע לבקלת תערובת
אחידה. תא המפזרים התערובת באופן ןפואב ווש רותל הקרום המוכנ.

c) םקפאים ל-3 שעות וא ללילה. מביאים את הפאי להתרפמטור החדה
למשך 5 דקות ומסירים את בזהירות תדפנות התינבתים הקפיציתי. מפזרים
תלתלי שוקולד עמל הפשטידי ומגישים.

23. B oston פאי קרם

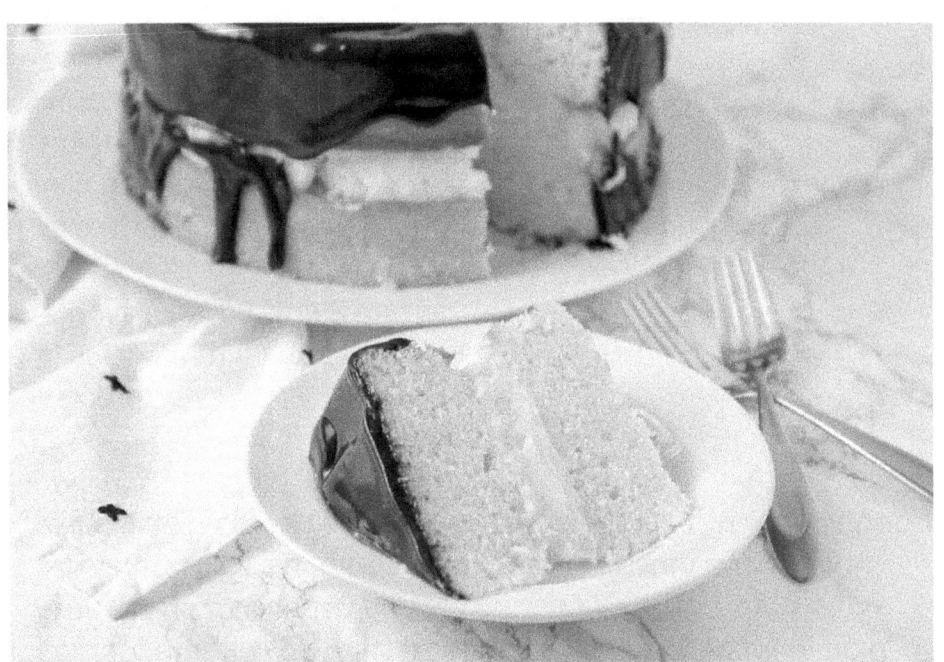

רכיבים:

- 1 כוס חלב
- ½ כוס סוכר מגורען
- 3 כפות קמח
- ⅛ כפית מלח
- 2 חלמונים
- 1½ כפית וניל
- 2 שכבות 8 אינץ' Boston Favorite
- עוגה (ראה MM #3607)
- אבקת סוכר

הוראות:

a) מחממים את החלב במחבת עד שהוא הם חם מאוד, ואז מערבבים בחריזות את הסוכר, הקמח והמלח. מבשלים על אש בינונית, תוך ערבוב מתמיד, עד לקבלת תערובת סמיכה מאוד.

b) מוסיפים את החלמונים ומבשלים תוך כדי ערבוב עוד 4-5 דקות. מסירים מהאש מוסיפים את הוניל ומצננים תוך ערבוב מדי פעם. מכסים היטב ומכניסים למקרר עד לשימוש.

c) מורחים את הרפרפת בין שכבות העוגה ומפדרים את החלקה העליון של העוגה בסוכר קונדיטורים. שמור בקירור.

די תודיטשפ

.24 S'mores פשטידות ידיים של

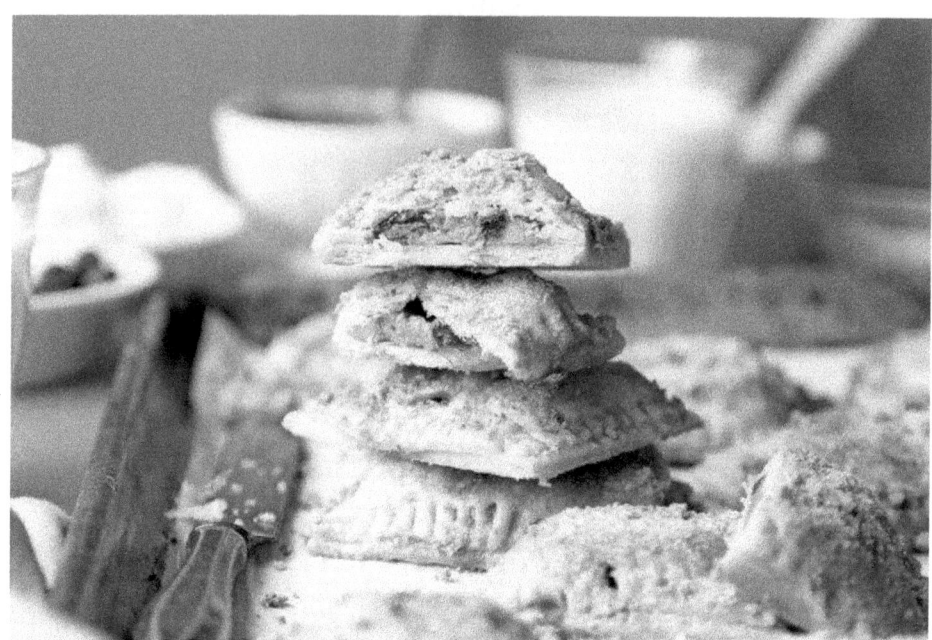

:םיביכר

- 1 חי '. (2 םיטסוארק) תוכיתח אל תובושלת בקירור
- 2 כפות תבסותפ. 2 כפות .חמאה ,מוסמת
- 1 כוס ממרח משרמלו
- 4 קרקרים גרהם כפולים, מפורוריס
- 1 כוס שוקולד צ'יפס חצי מתוק
- 1 ביצה גדולה ,טרופה קלות

הוראות:

(a)   .(צלזיוס תולעמ 171) צלזיוס תולעמ 340-ל רונתה תא םיממחמ

(b)   .דצב םיחינמו הייפא ריינב הייפא תוריינ ינש םידפרמ

(c)   .רערמ תבזער טעמ םידדרמו חמוקמ הדובע םוקמ חטשמ לע תוינקבצ םיחינמ   שימוש בקערה הרטנק הפוכה םע 6 אינ'י). (15 ס"מ) קוטר ,המדקיה לבצק   כדי לגזור 8 גלילים. במרישים לב ליגוע ב-1 כפית האמח.

(d)   מניחים 2 כפות ממרח משרמלו על כל ליגוע. מפזרים באופן שווה פירורי   קרקר גרהם על פני מחצית כל מ-8 העיגולים, ומשאירים שפה של ½ אינ'י   (1.25 ס"מ). עמל לב דחא םהמ דלוקוש ספי'צ חצי מתוק.

(e)   בעזר מברשת המטיל. המלטים זחלוצים המלטי בעזרת גלזמ יצורי חריצי סבב הקורה. בעזר תרזע   חד ,רוצ פתחי וארור לאדים.

(f)   אופים במשר 12 עד 14 דקות או עד להזהבה. מניחים להתקרר מעט לפני   ההגשה.

(g)   אחסון: לשמור בכלי אטום בטמפרטורת החדר עד 3 ימים.

עושה: 8

רכיבים:

- 1 כוס אוכמניות
- ½2 כפות סוכר רבק
- 1 כפית מיץ לימון
- 1 קורט מלח
- 320 גרם בצק קצ פאי בקוריר
- מים

הוראות:

a) מערבבים את האוכמניות, הסוכר, מיץ הלימון והמלח בקערת ערבוב גדולה. בוננית.

b) מדדים את התחיתוכו וקוצרים 6-8 עיגולים נפרדים.

c) מרטיבים את כבה מינחים בערך כח אחד ממלית האוכמניות.

d) מרטיבים את שולי הבצק ומקפלים אותו על המלית לצירת צורה חצי ירח.

e) קורצים עדניות את קצוות האפיקה לקצר בעזרת מזלג. לאחל כמכן, על החלק העליון של שפטידות הידיים, כותח שלוש חריצים.

f)‏ מרססים שמן ביישול על פשטידות הידיים.

g)‏ SearPlate-ה יגב לע םתוא חנה

h)‏ הפעל את תנור האייר פרייר וסובב את הכפתור לחבור "האייפ".

i)‏ חבר את הטיימר למשך 20 דקות ואו הטמפרטורה עבר 350 מעלות צלזיוס.

j)‏ כאשר החיידה המצפצפת כדי לציין שהיו כי הטחמחנה מראש, פתח את דלת התנור והכנס את ה-SearPlate לתנור.

k)‏ מניחים להתקרר שתי דקות קודם לפני ההגשה.

26. <u>פיתות די יאפ</u>

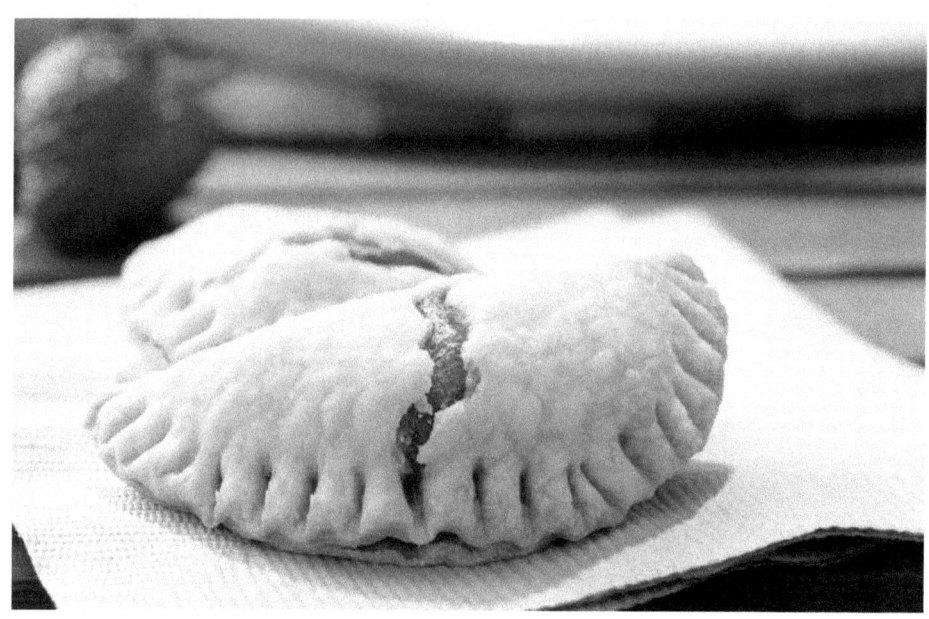

רכיבים:

- 1 קמל חמאה
- 1¼ כוס סוכר
- ביצה 1
- 3 אונקיות גבינת שמנת
- 2 כפות חלב חמאה
- 3 כוסות קמח לכל מטרה
- ¼ כפית סודה לשתייה
- 1 כפית אבקת אפייה
- ½ כפית מלח
- 1 כוס שימור תותים
- 2 כוסות תותים טריים חתוכים לקוביות
- 1 כפית מיץ לימון
- 2 כפיות גרידת לימון

הוראה:

a) להבנת קצבה, מרק וחדי את החמחה הסובר במיקסר חשמלי. מוסיפים את ביצה הגבינת השמנת, מערבבים היטב.

b) מוסיפים את החלב ומערבבים באיטיות. מניף בנפרד מערבבים לאיחוד. מוסיפים את הסודה לשתייה, אבקת האפייה והמלח. קמח לציר קמה בדריגה, משלבים את קצבה בידיים, וכמו שלול את רחאלו בטיה בברל לצירו כדור.

c) מקררים את קצבה למשך העה. להבנת השפהטישודי, מרדים את קצבה את המילוי על ידי שלוב של 6 אינץ' מכינים את המילוי על ידי שילוב של תותים, מיץ לימון, הטריים, תותתה, שימור תותים. בכ 3 כפות. מילוי על צד אחד של כל עיגול לוגב קצב. מקפילים את מניקה את הצה עמו ומצמידים את הקצוות דחי עם מלגם.

d) אופים בחום של 375 מעלות במשך 20 דקות, עד להזהבה.

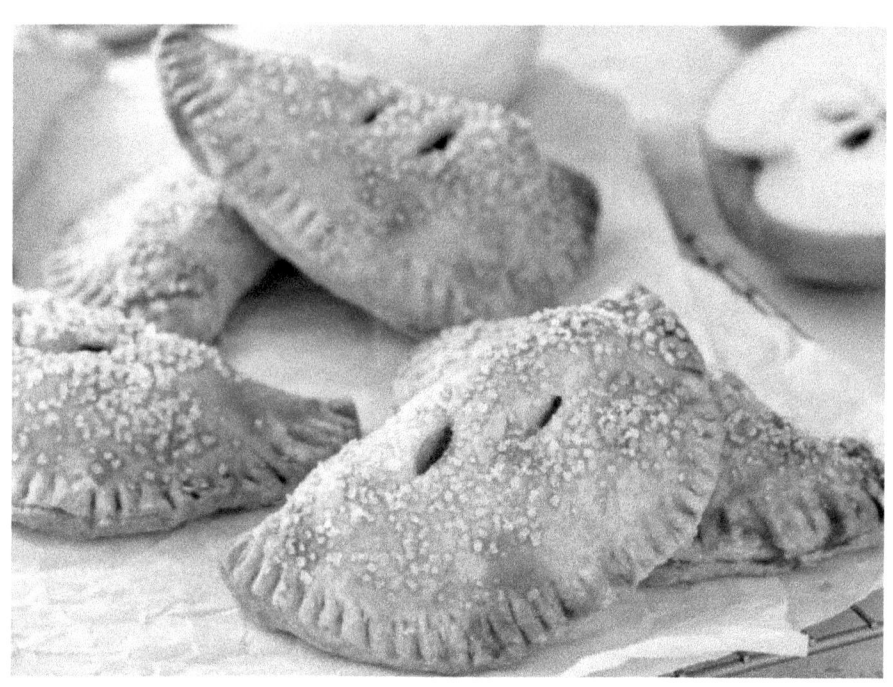

כרביבס:

- 2 כפות של קמח
- 1 כפית מלח
- 1 כף סוכר
- 3/4 מקל (3/4 סוב) קיצור ירקות, חותך לקוביות.
- 4 עד 8 כפות מים קרים מקרח

עבור המילוי

- 2 תפוחי אייפל גדולים, קלופים, מגורעים וחתוכים לקוביות
- 3 כפות סוכר מגורען
- 3 כפות סוכר חום בהיר
- 1 1/2 כפית תבלין פאי תפוחים
- 1 כפית מלח לכל קמח המטרה

טולפינג

- ביצה 1 גדולה
- 1 כפית מים
- סוכר מבעבע, אל חובה

הוראות

עבור הקרוסט

a) בקערה גדולה, טרפו חדי את הקמח, המלח וחסוכר.
b) חותכים את הקיצור לתערובת הקמח בעזרת בלנדר או שתי סכינים.
c) מערבבים קר מים מספיק עם מים מזלג עד שהבצק נצמד.
d) רוצים מהבצק כדור ומשטחים לדיסק עגול. כדי להגל לעל הדירה, עוטפים את הבצק בניילון נצמד. ונגן למשל 30 דקות או עד מיומים.
e) לאחר שהבצק מתקרר ואתם מוכנים לברכה את הפשטידות, מחממים תנור ל-400 מעלות צלזיוס, מרפדים בתבנית בריי אפיה ומכינים את המילוי.

עבור המילוי

f) בקערה הגדולה בינונית, זורקים את הקרומים עם התפוחים תבלין, הסוכרים, עם הסוכרים ותבלין פאי התפוחים והקמח.

הרכיבו את הפשטידות

g) מוציאים את הבצק מהמקרר ומוציאים מהניילון.
h) על משטח עבודה מקומחת נדיבות, מרדדים את הבצק עד לעובי של כ-1/8 אינץ'.

i) השתמשה בחותכן ועגות בגדול 5 יניע' כדי לחתוך את הבצק עיגולים. מחדש את הבצק לפי הצורך עד מנת לציל 8-10 עיגולים.

j) מוסיפים כף גדושה של חמאה לכל מילוי למרכז כל עיגול קבץ, ומשאירים המכ שוליי נוזלים מאחור.

k) קפל את ולגוע הבצה לשניים והשתמשו באצבעות או במזלג כדי לאטום קלצץ את הקצוות.

l) מניחים עוגות די על ניר אפייה מובן.

m) בקערה הנקט טורפים ביצה אחד את הביצה המהימ.

n) השתמשה בקצה הסכין וכדי חד כדי לחתוך 2 חריצים קטנים בחלק העליון של כל פאי.

o) השתמשה במברשת מאפה כדי להבריש את קלוח תולת עם המאפה ביצים. אם רצומ, אם הביצה. שטיפת היידי עם שטיפת כוס ולעמ רכוב בעבמע.

p) אופים בחום ממש במשך 20-25 דקות או עד להזהבה.

q) מניחים לפשטידות היידי להתקרר. אם רצומ, מגישים עם גרד בטור למרק מולם ביתי.

תוריפ תודיטשפ

28. פאי קי ליים

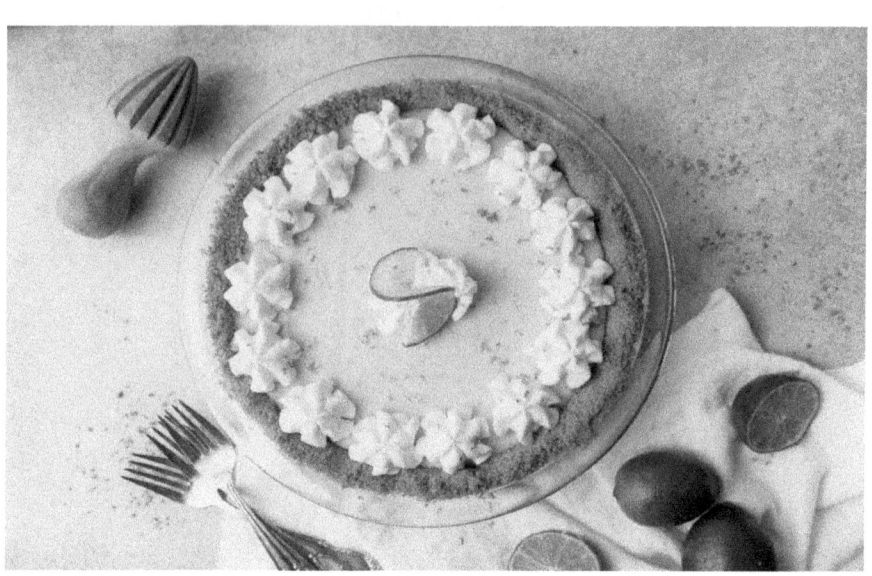

רכיבים:

קרוסם:
- 2 כוסות אגוזי מקדמיה
- 2 כוסות אגוזי פקאן
- 2 כורט מלח
- 2-3 כפות ממרח תמרים

מילוי
- 1 כוס מיץ ליים
- 1 כפית מזון וניר קורי (אל חובה)
- 1 כוס אבוקדו-רוטב מדידה
- 1 ½ כוסות חלב קוקוס
- 1 כוס נקטר אגבה
- 3 כפות חלם ציטריו וניל לפי הטעם
- 1 כוס שמן קוקוס אלל ריח

גרנם תפסות
- 1 רג. (¼ כוס ארוז) אזוב מי גופס ושטוף
- ½ כוס מים
- 2 כוסות בלח קוקוס
- ½ כוס בשר קוקוס
- ½ כוס אגוזי קשיו ושומרים
- 6 כפות אגבה
- חלם וניל לפי הטעם
- 1 ½ כף לציטין
- 1 כוס שמן קוקוס אלל ריח (אל חובה)

הוראות:

קרוסם:
a) שמים את כל החומרים במעבד מזון וטוחנים עד לקבלת מרקם קלח.
b) המדקים לצלחת פאי מוצנים עד לקבלת בצק מוצק.

מילוי
c) כוני ובלח קוקוס על ידי ערבוב מי קוקוס עזיריים עם הבשר.
d) מערבבים עד לקבלת תערובת הקלה.
e) יוצקים לתוך קבץ הפאה ומניחים להתקמצק במקרר.

גרנם תפסות

f) משרים את הטחב למשרך 30 דקות- 3 שעות במים מטוהרים, שוטפים
ויבש וסמנים.

g) מערבבים אזה ים ומים סי למשרך 30 שניות לפחות או עד להתפרקות.

h) מוסיפים את ראש המרכיבים : מלבד הצליטיו ושמן הקוקוס מערבבים עד
להטמעה.

i) תור כדי ערבוב מוסיפים את הצליטיו ושמן הקוקוס עד לקבלת מרקם חלק
וקרמי.

j) רק לאחר שהקרם וומקררים עד שמסמרים ומרגיש קר.

29. פאי תפוחים מחבת

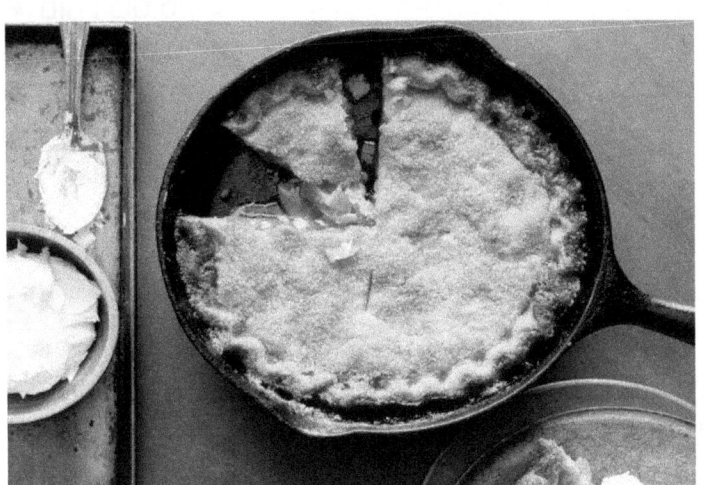

תחא םיחופת תגוע :תונוכמ 8 :תונוכמ

- ½ כוס חמאה
- 1 כוס רכוס חום
- 5 תפוח גרני סמית, קלופים, ופרוס דק
- 3 (9 אינצ') קורמי אפ יאב מגולגלים בקירור
- 1 כוס רכוס לבן, מחולק
- 2 כפיות קינמון וחצי טחון, מחולק
- ¼ כוס רכוס לבן
- 1 כף חמאה המותכת לקוביות קטנות

ביינווס

a) חממים תנור ל-350 מעלות צלזיוס (175 מעלות צלזיוס).

b) מחיצין 1/2 כוס חמאה במחבת ברזל לצקי קוצי הדבק וממיסים החמאה הנתר. להחזיר לתנור ולחמם זמן שאת הל ְהָסִיר מחבת מופרזים סוכר חום; להזחיר את התפחים.

c) מסירים את המחבת ומניחים בצק אפי אחד על הקירור וה סוחם. למעל את קורם יאפ עם חצי מכמות התפחיה הפרוסים.

d) מפזרים תפחיה עם 1/2 סוכר רכוס ו-1 כפית קינמון; מניחים על שני קצב מפזרים 1/2 התפחיה עם השני הקורה עם התחתונה, ומפזרים סוכר רכוס ו-1 כפית קינמון.

e) למעל עם הקורה וויל עליון ב-1/4 סוכר רכוס; מפזרים את הקורה עם שלישי; חותכים 4 חריצים לתוך קורה עליון דאלי. ומנקדים ב-1 כף החמאה.

f) אופים בתנור חמום מראש עד שאר שהתפחיה ביב רכים והקורה מזהיב כ-45 דקות. מגישים חם.

30. פאי ריבס אוכמניות

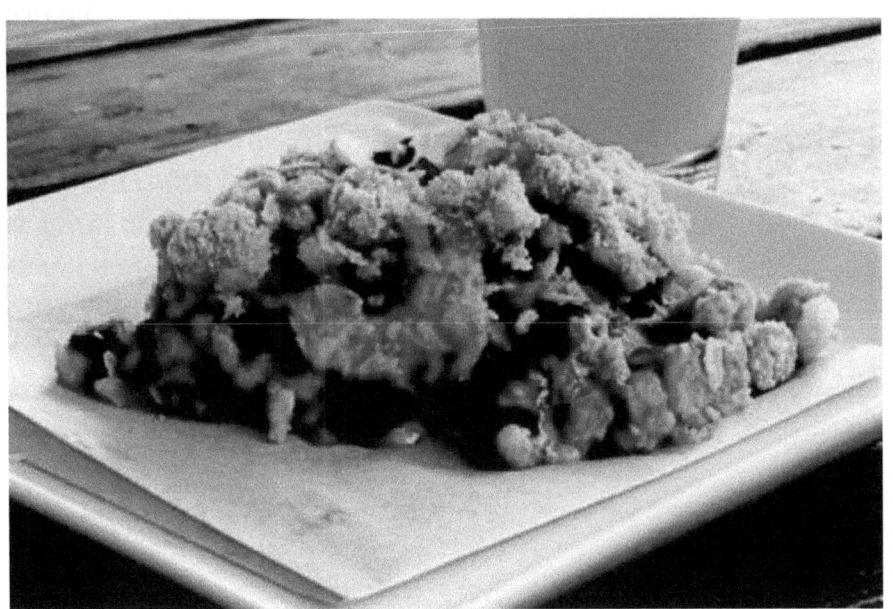

רכיבים:

מילוי פאי:
- 4 כוסות ריבס טרי קצוץ
- 2 כוסות אוכמניות טריות
- 2 כפות חמאה מומסת
- ⅓-1 כוס רבל ןב
- ⅔ כוס ארבע

CRMBLE TOP:
- ½ כוס (1 מקל) חמאה מומסת
- 1 כוס קמח
- 1 כוס שיבולת שועל
- 1 כוס רבוס חום דחוס
- 1 כפית קינמון

הוראות:

מילוי פאי:

a) מרסים את הקלחת התחתון של תבנית פאי במועב 9 אינ'ץ 'בעזרת ספריי.

b) מרפדים את התבנית בפאי. אם מכינים סיניכם בקמרב, וחרצים את שולי המילוי הקרה.

c) מילוי הסופת ינפל יאפה קצב תיתחת לע הווש ןפואב חמק סוכ ¼ םיחרומ יאפה.

d) מאחדים את כל את **מרכיבי מילוי הפאה:**, ולוחצים לתבנית הפאי.

CRMBLE TOP:

e) מערבבים את כל החומרים עד לקבלת תערובת פירורית.

הָיפָא:

f) מוסיפים את ה-cramble top למילוי הפאי, מפזרים בצורה אחידה. אם משתמשים בעליון של פאי, וחינה על כל תילמ הפאי, הוצמידו את התחתון, ולא הבצק התחתון לא עליון יאפה תפטעמ יוצרי חריצים בקרב עורב עליון ידכ רשפאל הדיטשטה לאודת. מרסים את וצרחי עליון בסבירפ מחבת תופכ 5 הטיב ינפל יאפה רבוכ רות ,ןותחתמו.

g) אם חפתוח (פתוח) אם מכסים בנייר כסף ואופים חום של 350 מעלות למשך העש (חפתוח תונב רונתב םישמתשמ הסע)

h) מניחים לפשטידה להתקרר לחלוטין לפני הגשה.

31. פאי תפוחים

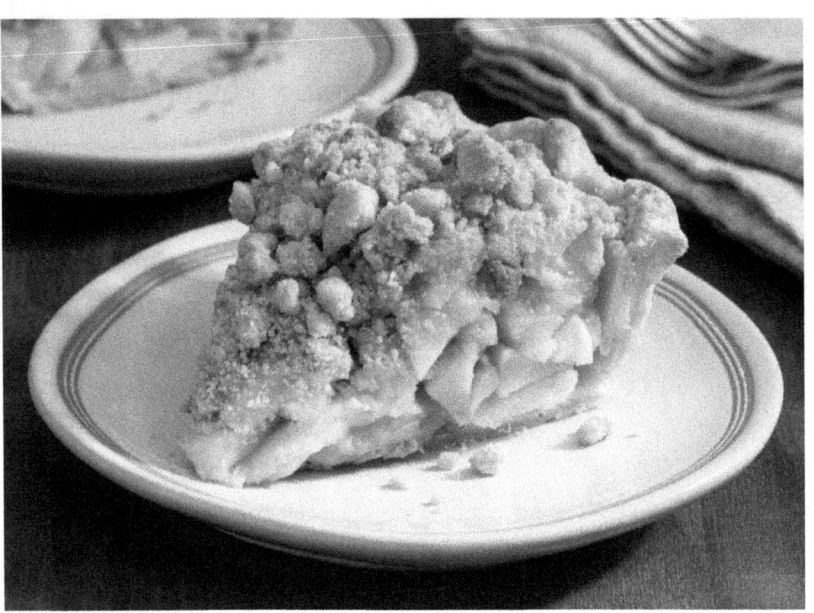

רכיבים:

מילוי פאי:
- 8 תפוחי גרני סמית, קלופים ופרוסים (7 פרוסים אם התפוחים גדולים מאוד)
- 2 כפות חמאה מומסת
- ⅔ כוס קמח
- 1 כוס סוכר לבן
- 1 כפית קינמון

CRMBLE TOP:
- ½ כוס (1 מקל) חמאה מומסת
- 1 כוס קמח
- 1 כוס שיבולת שועל
- 1 כוס סוכר חום דחוס
- 1 כפית קינמון

הוראות:

מילוי פאי:

a) מרססים את החלק התחתון של תבנית פאי בעומק 9 אינץ' בתרסיס ספריי.

b) מפזרים את התבנית פאי. אם מכינים בקרמבל, רוחצים את שולי הקרוטה לפני המילוי.

c) מורחים ¼ כוס קמח באופן שווה על תחתית בצק הפאי לפני פיזור המילוי. אופים.

d) מאחדים את כל **מרכיבי מילוי הפאה:**, ולוחצים לתבנית הפאה. היתה יד גדולה.

CRMBLE TOP:

e) מערבבים את כל החומרים עד לקבלת תערובת פירורית.

אֲפִיָּה:

f) אם מפזרים את ה-cramble top למילוי פאי, מפזרים בצורה אחידה. אם משתמשים בקלחן עליון של פאי, הניחה על כל מילת הפאה, ולא כבצה התחתונה, ותר כביר הקצוות. מתעטפ של פאה עליון לא הכבצה התחתונה, מצמידים את הקלחן העליון של הקצוות.

g) מרסיסים את קרוס העליון בספריי מחבת ומפזרים בטיה 5 כפות סוכר בגלס. רוצים חריצים בקרוס העליון כדי לאפשר לפליטה. מרסיסים את

h) אם (חפתו העש למשך 350 מעלות חום של אופים חיבל ואופים פסק ריינב מכסים בנייר כסף (משתמשים בתנור רונה העסה

i) מניחים לפשטידה להתקרר לחלוטין לפני ההגשה.

32. פאי קוקוס קל ללא גלוטן

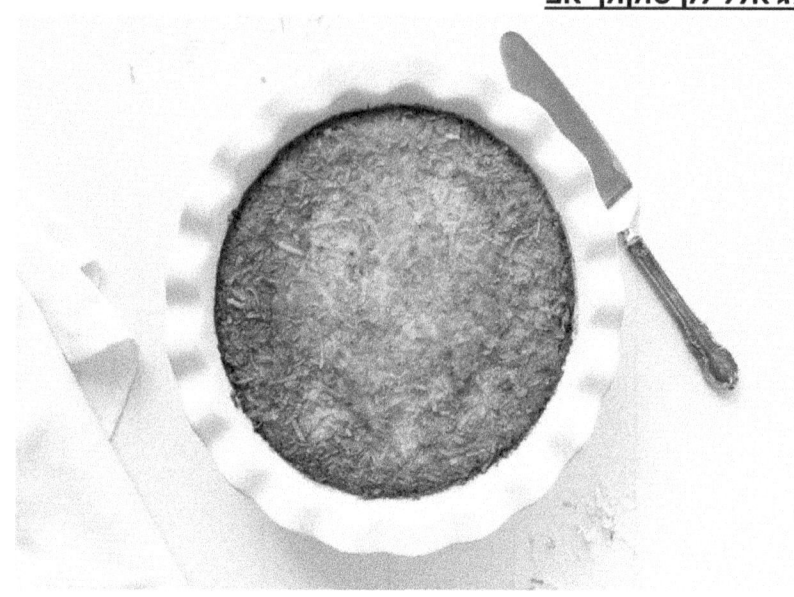

6-8 :השוע

:םיביכר
- 1 כפית תמצית ונינ
- 2 ביציס
- 1 1/2 כוסות חלב
- 1/2 כוס פרי נזיר
- 1/2 כוס קמח קוקוס
- 1/4 כוס חמאה
- 1 כוס קוקוס מגורר

הוראות:

a) מאחדים את כל לב **המצרכיס:** להבכנת בליל.

b) משמנים צלחת אפיה בספריי טפלון וממלאים אותה בבליל.

c) מבשלים באיר פריי ב-350 מעלות למשך 12 דקות.

33. פאי אשכוליות

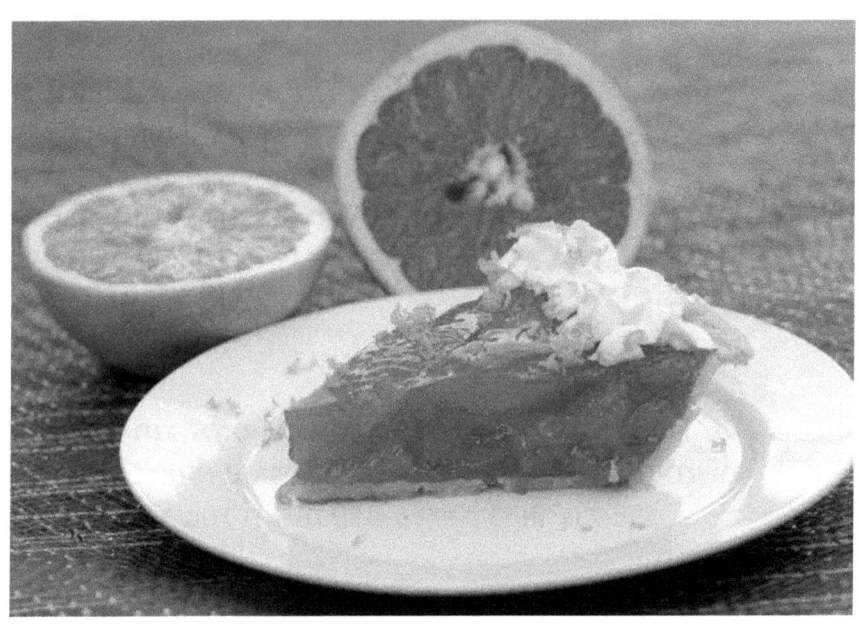

:םיביכר
- יופא אל 'עֶנאַרק ךיר הנמ 1
- דרק ןוויספ תילוכשא הנמ 1
- תקתומ תזכורמ תילוכשא הנמ 1

םינוויכ

a) .סויזלצ תולעמ 275-ל רונתה תא םיממחמ

b) תרזעב .'עניא 10 לדוגב יאפ תינבת ךותל 'עֶנאַרק Ritz-ה תא םיצחול
תוסכל דפקה ,המינפ הקזוחב 'עֶנאַרק'ה תא קחל ,םיידיה תופוכ וכופ תועבצאה
.אלמו הווש ןפואב םידדצהו ןותחתה קלחה תא

c) תויהל ךירצ ץירה םורק .תוקד 20 םיפואו תינבת לע תינבתה תא םיחינמ
'עֶנאַרק רשאמ האמח בוטב רתוי קומע טעמו הזוב םוח רתוי טעמ
יפיקהל ןתיו ,וללייניב ץוטע וקיטולחל םורקה תא םינגנמ .ותיא תלחתהש
.םיעובש דע םורקה תא

d) תילוכשאה הרולפיספה םרק תא םיחרומ ,טספוא תירמ וא תיפכ תרזעב
ידכ איפקמל הדיטשפה תא וסינכה .ץירה םורק תיתחת לע הווש ןפואב בואי
.תוקד 30-ב ,תובצייתהל בציית

e) תקתוממה תזכורמה תילוכשאה תא םיחרומ ,טספוא תירמ וא תיפכ תרזעב
חמקהש שיגהל וומדווו ומולה תובכשה ותש תא בברע אל ערעל םירהזנ ,התנה יבג לע
.השגהלו תוסורפל ןכומ דע שומיח איפקמל םקממ םיריזחמ .ולוכ הסוכה

רכיבים:

- 2 קורמי פשטידה
- 1 חבילה ג'לטין; טעם תפוז
- ¾ כוס מים רותחים
- ½ כוס מיץ תפוזים
- 1 קופסת (8-oz) רוטב חמוציות ג'לי
- 1 פתית קילפת תפוז מגורדת
- 1 כוס רק חצי-חצי או חלב
- 1 חבילה אינסטנט פודינג ג'-ל-וא , טעם וניל ינרפת או וניל
- 1 כוס תפסות קצפת מגינבה
- חמוציות חלביות

הוראה:

a) חממים רונת ל-450-מעלות צלזיוס
b) מביאים לרתיח את הג'לטין וממיסים אותו. יוצקים מיסים ומו החיתרל ג'לטין מביאים מניחים קערה בעערת חרק מים גדולה וחינה. הותי לשבל 5 דקות, תור ערבוב קבוע, עד שהג'לטין מסמיך טעם.
c) מוסיפים את החמוציות וקילפת התפוז ומערבבים לאמיאל. ממלאים את בצק אפוי במילוי. מצמנים כ-30 דקות, או עד להתייצבות.
d) אני לקערת ערבוב בינונית, יוצקים חצי חצי לרזל קורל פנים את תערובת. מילוי אפה. מערבבים עד לתערובת מלאה.
e) מניחים בצד למשך 2 דקות, או עד שהרוטב מסמיך טעם. לבסוף, מקפלים פנים את ציפוי המקומקץ.
f) מורחים בעדינות את תערובת הג'לטין ממלעהל. מצמנים במשך שעתיים או עד שהוא נוקשה.

:םיביכר

- הרטמ לכל חמק תוסוכ 11/4
- חלמ תיפכ 1/4
- רכוס תיפכ 1/2
- תונטק תויתחל הכותח תינועבט הנירגרמ סוכ 1/2
- ךרוצה תדימב דועו ,םירק םימ תופכ 2
- םיסורפו םינעלוגמ ,םיפולק ,םילשב םיקסרפא
- תינועבט הנירגרמ תיפכ 1
- רכוס תופכ 2
- ןוחט ןומניק תיפכ 1/2

יופיצ

- תנשוימ לעוש תלוביש סוכ ¾
- תכבורמ ,תינועבט הנירגרמ סוכ 1/3
- רכוס תופכ 2
- ןוחט ןומניק תיפכ 1
- חלמ תיפכ 1/4

:תוארוה

a) םיניכמ תא הקרוע: רקעה הלודג םברעמ תא הקמח, המלחו הסובר.
שמתשהו בלבנדר וא םלזג ידכ תלחת ךרותח תא הנירגרמה דע שתתערוב.
םיזכרמ הריכרה םיגס. םיסיפ םיפי תא םימה טעמ לכב םעפ םברעמו דע
שהבצק רק םתחיל היהואזח.

b) םיחטשמ תא הבצק לדיסק ועטופים בנייליו ןצמד. מקררים 30 תוקד בזמןו
שמכניס תא המילוי.

c) םיממחמ תא רונתה ל-425 תולעמ צלזיוס. מדדים תא הקצב לע משטח
ףאפ בצלחת הקצב. ונכיסא את הסינכו כ-10 ס"מ. קולת רטולק קומחמ הדובע
בוגד 9 אני' ןצצק וקיצוצמ תא הקצותו. מסדרים תא פרוסות האפרסק
בקרומ. מנדקידם בגרמרינה ופיזרהם סוכר ומניקן. לְהַפְרִישׁ.

d) םיניכמ תא הציפוי: בקערה ביונונים תעינית םברעבים תא הביטש השועל,
הנירגרמה ,הסובר ,הקינמו וחלמה. מערבבים הטיב בטיה ומפזרים על הפרי.

e) םיפוא דע שהפרי םבעבע וקרוה ,בוהז כ-40 תוקד. מוציאים מהתנור
ומצננים טעמ, 15 דע 20 תוקד. מגישים חם.

36. <u>פאי ענן תות</u>

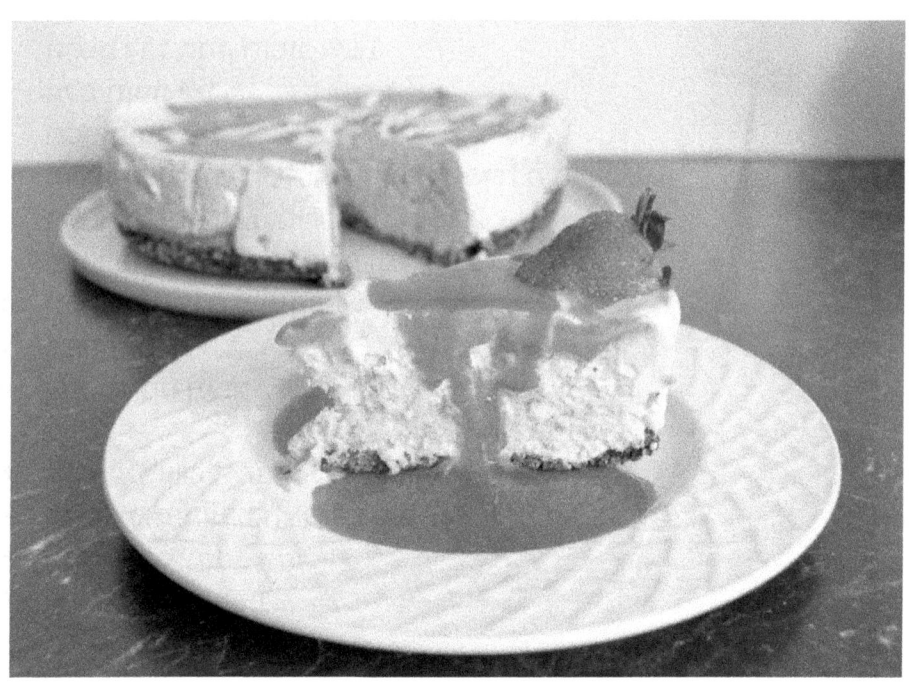

:מרכיבים

קרם
- 11/4 כוסות קמח לכל המטרה
- 1/4 כפית מלח
- 1/2 כפית סוכר
- 1/2 כוס מרגרינה טבעונית חתוכה לחתיכות קטנות
- 3 כפות מי קרח

מילוי
- 1 (12 אונקיות) חביל פוטו ומשי ביצי, מרוקן ולוחץ
- ¾ כוס סוכר
- 1 כפית תמצית וניל טהורה
- 2 כוסות תותים טריים פרוסים
- 1/2 כוס שמיר תותים
- 1 כף עמילן תירס מומס ב-2 כפות מים

:הוראות

a) מכינים את הקרום: במעבד מזון ערבבו את המקמח, המלח והסוכר
   ומערבבים בפולסים. מוסיפים את המרגרינה ומעבדים עד לקבלת תערובת
   פירורית.

b) אל תוך הקמח הוסיפו מים פנימה את המינף הזה, פועלת, כשהמכונה
   עובר יתר על המידה. משתחים את הקצה לדיסק פטופים בניילון וצמד.
   מקררים למשך 30 דקות. מחממים את התנור ל-400 מעלות צלזיוס.

c) מרדדים את הבצק על משטח העבודה מקומח לקורט של כ-10 ס"מ.

d) הכניסו את הבצה לצלחת פאי בגודל 9 אינץ'. פותחים וחליים את
   הקצוות. דוקרים חורים בתחתית הבצק בעזרת מזלג. אופים 10 דקות,
   מצמיא מהתנור ומניחים בצד. מנמיכים את החימום לטמפרטורת התנור ל-350
   מעלות צלזיוס.

e) מכינים את המילוי: ערבבו בבלנדר או במעבד מזון את הפוטו, וסוכר,
   והוניל ומערבבים עד לקבלת מרקם חלק. יצוקים לתוך הקרום המוכן.

f) אופים במשך 30 דקות. מוציאים מהתנור ומניחים בצד לצינון למשך 30
   דקות.

g) מסדרים את התותים הפרוסים על גבי האפיה בתבנית דקורטיבית כלך
   פנים השטח. לְהָפְרִיש.

h) טוחנים את השימורים בבלנדר או במעבד מזון ומעבירים לסיר קטן על אש
   בינונית. מערבבים פנימה את תערובת עמילן התירס וממשיכים לערבב עד
   שהתערובת מסמיכה.

i) מורחים את זיגוג התותים על הפאי. מקררים את הפשטידה לפחות שעה
   לפני ההגשה כדי לצנן את המילוי ולהגדיר את הזיגוג.

37. פשטידת פירות טריים ללא אפייה

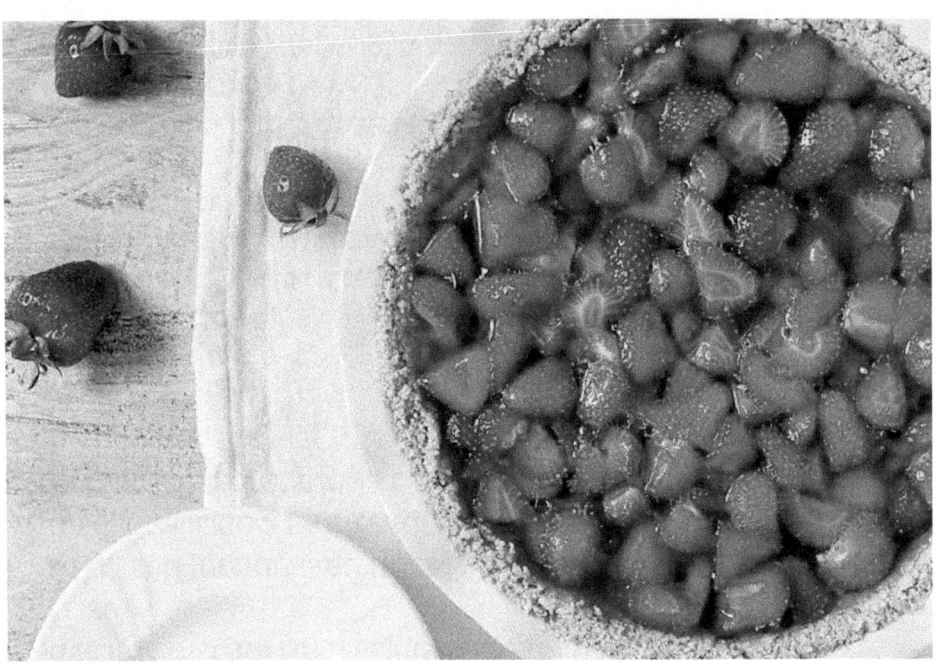

רכיבים:

- 1 1/2 כוסות פירורי עוגיות שיבולת שועל טבעוניות
- 1/4 כוס מרגרינה טבעונית
- 1 קילו טופו יציב, מסונן היטב ולחוץ (ראה טופו)
- ¾ כוס סוכר
- 1 כפית תמצית וניל טהורה
- 1 אפרסק בשל, מגולען וחתוך לפרוסות בגודל 1/4 אינץ'
- 2 שזיפים בשלים, מגולענים וחתוכים לפרוסות בגודל 1/4 אינץ'
- 1/4 כוס שימור אפרסק
- 1 כפית לום טרי על מים

הוראות:

a) משמנים צלחת פאי בגודל 9 אינץ' ומניחים בצד. במעבד מזון מערבבים את הפירורים והמרגרינה המומסת ומעבדים עד שהפירורים נרטבים.

b) מהדקים את תערובת הפירורים לתוך צלחת הפאי המובנה. מקררים עד הצורך.

c) במעבד המזון מערבבים את הטופו, הסוכר והוניל ומעבדים לתערובת חלקה. מורחים את תערובת הטופו לתוך הקרקה וצונן ומעבירים למקרר להקשחה.

d) מסדרים את פירות הפירה בצורה דקורטיבית על גבי תערובת הטופו. להפריש.

e) בקערה קטנה חסינת חום, מערבבים את השימורים ומיץ הלימון ומכניסים למיקרוגל עד להמסה, כ-5 שניות. מערבבים ומזלפים על הפירה.

f) מקררים את הפאי לפחות שעה אחת לפני ההגשה כדי לצנן את המילוי ולהגדיר את הזיגוג.

38. פאי בננה מנגו

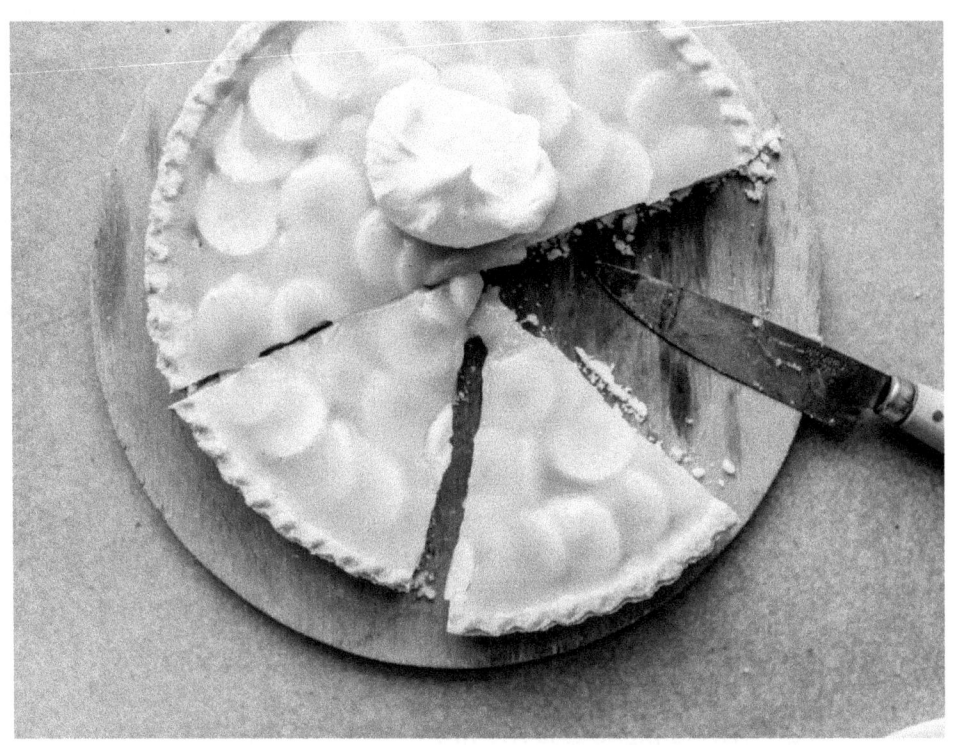

:םיביכר
- תוניועבטו לינו תויגוע ירורפ תוסוכ 11/2
- תסמומ ,תינועבט הנירגרמ סוכ 1/4
- וגנמ ץימ סוכ 1
- רגא יתיתפ ףכ 1
- הבגא רטקנ סוכ 1/4
- תויבוקל הכותחו תופלוקמ ,תולשב תוננב
- ירט ןומיל ץימ תיפכ 1
- קד סורפו ןעלוגמ ,ףולק ,ירט לשב וגנמ 1

:תוארוה

a)   תא םיחינמ .'ץניא 8 לדוגב יאפ תחלצ לש תונפדהו תיתחתה תא םינמשמ
םיבברעמו יאפה תחלצ תיתחתב תסמומה הנירגרמהו תויגועה ירורפ
תונפדו תיתחתל םיקידהמ .םיבטרנ םירוריפהש דע דוחיאל גלומ זעזר תרזעב
.רוצה דע םיררקמ .הנכומה יאפה תחלצ

b)   10 ךשמב תבשל הזל ןת .טק ריסב רגאה יתיתפו ץימה תא םיבברעמ
תבורעתה תא םיאיבמו הבגאה רטקנ תא םיפיסומ .ךברתהל ידכ תוקד
.תוקד 3-כ ,הסמהל דע םיבברעמו החיתרל שאה תא םיכימנמ .החיתרל

c)   תא םיפיסומ .הקלח תבורעתל םידבעמו ןוזמ דבעמב הבונבה תא םיחינמ
הקלחו הדיחא תבורעת תלבקל דע םידבעמו ןומיל ץימ רגאה הלימוא תבורעת
םיררקמ .הבונמ סורקה ךותל יוליממ תא דרגל ידכ ימוג תירמב םישמתשה
.סקמתהלו ןנצל ידכ כ רתוי וא םייתעש ךשמב

d)   .יאפה יבג לע לוגיעב וגנמה תוסורפ תא םירדסמ השגהה ינפל עגר

39. פאי קרם תותים

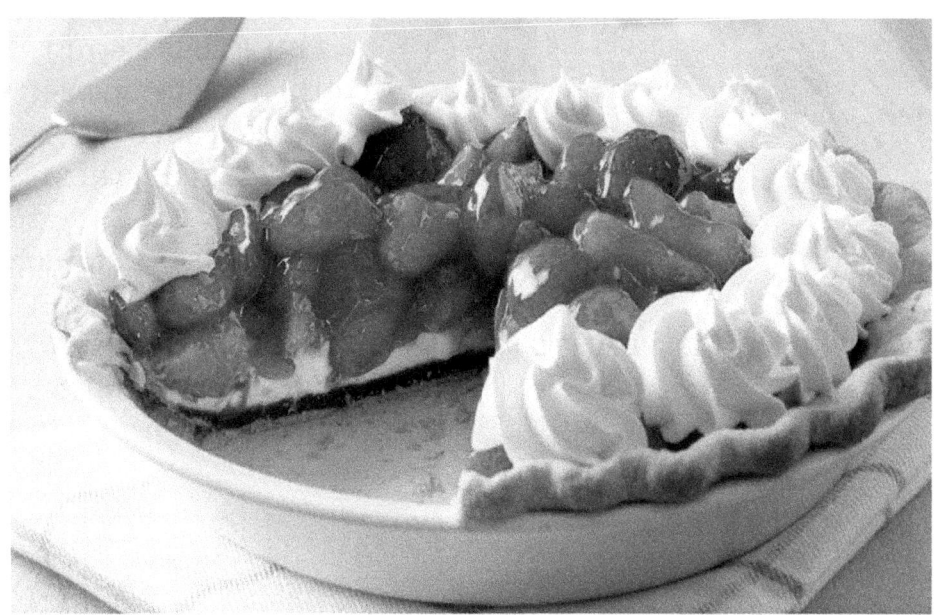

ממלא פאי 1

רכיבים:
- 1 מתכון בסיסי Piecrust
- 2 מתכונים קרם קשיו מוקצף
- 2 כוסות תותים חצויים
- 2 כפות סירופ אגבה

הוראה:
a) מורחים את הקצפת בשכבה האחידה דקה אחת.
b) זורקים את חצאי התותים בסירופ אגבה, ואז מסדרים את התותים בשכבה האחידה כלפי מטה, על גבי הקרם.
c) יישמר יומיים או שלוש במקרר.

40. סיחופת גנרמ יאפ

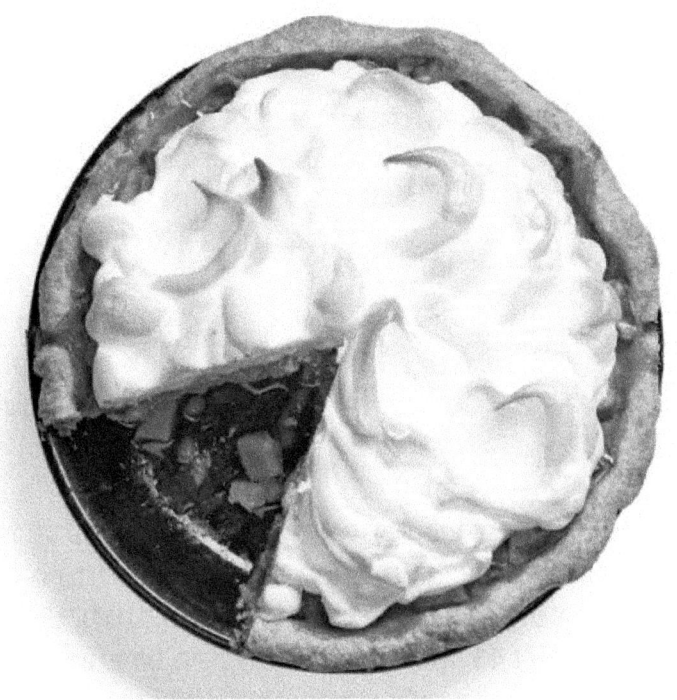

רכיבים:

- 1 כל אחד מעטפת פאי לא אפויה בגודל 9 אינץ'
- 2 כוסות תפוח מגורר
- ½ כוס סוכר
- 3 כפות חמאה
- 1 כף מיץ לימון
- 3 כל אחד ביצים, מופרדות
- ½ כפית קינמון
- ½ כפית אגוז מוסקט
- ¼ כוס אבקת סוכר
- 1 כפית ונילי

הוראות:

a) מורחים תפוחים באופן שווה בתחתית קליפת פאי. בקערה הנפרדת, שמנת כוס סוכר חמאה. מערבבים פנימי מיץ לימון ו-3 חלמונים טרופים.

b) יצוקים עם תפוח.מפזרים קינמון ואגוז מוסקט.אופים בתנור 350 מעלות במשך 45 עד 40 דקות. מקציפים חלבונים עד שנוצרים פסגות.

c) מוסיפים בהדרגה אבקת סוכר ונילי, מקציפים עד שהמרנג נוקשה. מורחים עם הפשטידה. מחזירים לתנור. מנמיכים את החום ל-325 מעלות.

d) אופים 5 עד 10 דקות יותר, עד שהמרנג משחים קלות.

41. סיחופת יאפ לבמארק רד'צ

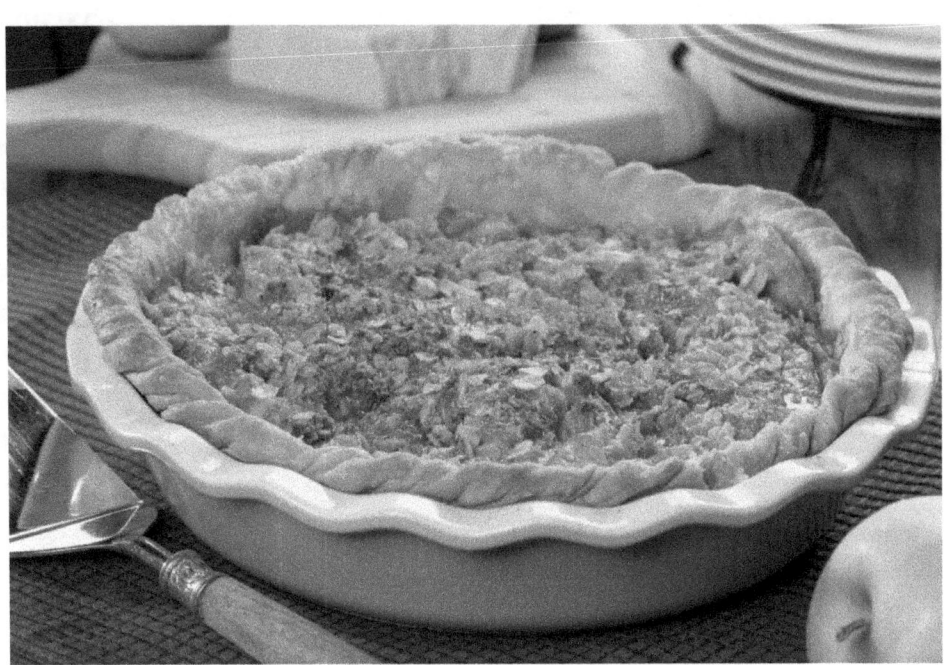

:םיביכר

- 1 לכ חאד תפטעמ יאפ אל היופה גודל 9 אינ'יַ'
- ½ בוס קמח אל מולבן
- ⅓ בוס רכב
- 1½ פאנוד ביישול תפוחים;
- 6 אונקיות צ'דר, מגורר, 1 1/2 C
- 4 כפות קמח אל מולבן
- ⅓ בוס רכוב חום; ארוז היטב
- ½ כפית קינמון; קרקע, אדמה
- ¼ כפית אגוז מוסקט; קרקע, אדמה
- 5 כפות חמאה
- 1 כף מיץ לימון; טֶרי

הוראות:

a) ליבנה, מקלפת ודק

b) שלושיי שיירצוי גבוהים סמביב לקרוק הפא. מעבריבים את כל החומרים
שביישים ציפוי וחותכים פנימ את המחאה עד לקבלת תערובת פירורית.
לְהַפְרִישׁ, זרוקים את התפוחים וימץ הלימון ודחי מוסיפים את הגביונ,
מקמה אגוזו מוסקט, מעבברים ומוסיפים טיבה.

c) מסדרים את התפוחים בקרוק ומפזרים על הציפוי. אופים בתנור חשמום
מראש ל-375 מעלות F. במשר 40 עד 50 דקות. מגישים חם עם גלידת
ונילי אם רוצים.

תוקרי תודיטשפ

42. ריבס עם מקרון

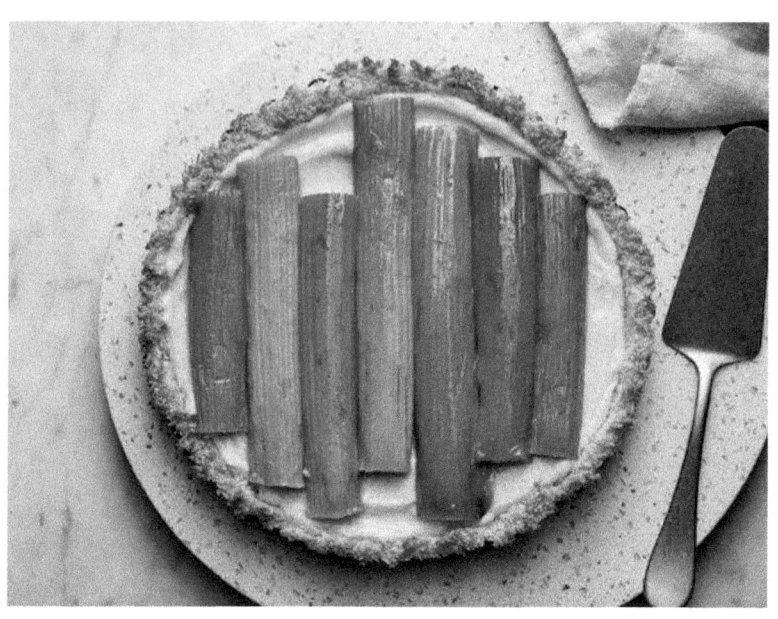

עושה: 4 מנות

רכיבים:

- 4 כוסות ריבס טרי או קפוא פרוס (חתיכות 1 אינץ')
- 1 תפוח גדול, קלוף ופרוס
- 1/2 כוס סוכר חום ארוז
- 1/2 כפית קינמון טחון, מחולק
- 1 כף עמילן תירס
- 2 כפות מים קרים
- 8 מקרונים, מפוררים
- 1 כף חמאה, מומסת
- 2 כפות סוכר
- גלידת וניל, לא חובה

כיוונים

a) במחבת גדולה מברזל יצוק או אחר עמיד לתנור, מערבבים את הריבס, התפוח, הסוכר החום ו-1/4 כפית קינמון; להביא לרתיחה. להפחית את החום; מכסים ומבשלים עד שהריבס רך מאוד, 10-13 דקות.

b) מערבבים עמילן תירס ומים עד לקבלת מרקם חלק; מוסיפים בהדרגה לתערובת הפירות. להביא לרתיחה; מבשלים ומערבבים עד שמסמיך, כ-2 דקות.

c) בקערה קטנה מערבבים את העוגיות המפוררות, החמאה, הסוכר ושאר הקינמון. מפזרים מעל תערובת הפירות.

d) צולים 4 אינץ' מהאש עד להשחמה קלה, 3-5 דקות. אם רוצים, מגישים חם עם גלידה.

43. יאפ הרוב

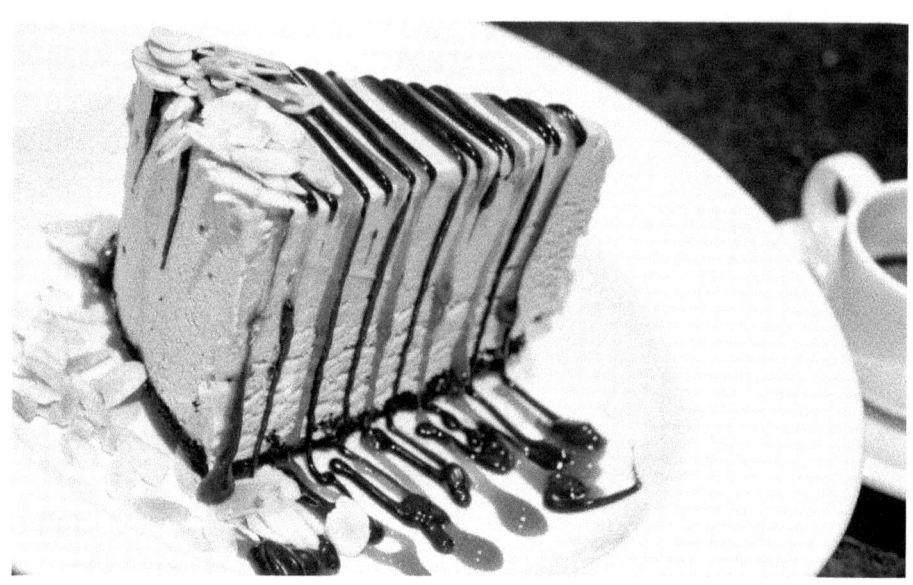

כרכיבים:

לפשטידה:

- 5 כוסות סלרי קצוץ (חצי חרי)
- 8 כוסות גזר קצוץ
- 2 כוסות בצל חתוך לקוביות
- 3 כפות רוזמרין וטרי קצוץ
- 2 כפות שום קצוץ
- 2 כפות טימין
- 2 כפות אורגנו
- 4 כוסות ביר הזקה
- 3 כוסות ציר בקר
- 10 קילו ובשר בקר טחון

עבור הסירים המעוכים:

- 1 שקית סירים מעוכים
- 1 מקל (½ כוס) האמח
- ¼ כוס שמנת הצומח
- 1 כף חזרת הנוחה

הוראות:

לפשטידה:

a) מכסים את תחתית של סיר גדול במשן.

b) מוסיפים שום, בצל, גזר, סלרי ותבלינים.

c) מוסיפים סטואט, וציר בקר. מביאים לרתיחה, ומנמיכים לרתיחה. להתבשל עד שהירקות מתככרבים טעם.

d) מוסיפים את הבשר הטחון, תוך ערבוב בארבע לעתים קורבות. אפשר להתבשל עד שהבשר מובשל היטב. מתבלים לפי הטעם.

עבור הסירים המעוכים:

a) מסיימים חמ האמח בסיר. סוטה חופת יחמד המדא.

b) מוסיפים שמנת הצומח וחזרת.

c) מערבבים עד שהוא מתחמם נעש הסמיך יותר.

d) מוסיפים מלית יפא ל-6 קערות מרובעות.

e) למעלה עם סירים מעוכים. אפשר לשים את הסירים בקש זיולף ולצנרת עם.

44. __פאי ריבס__

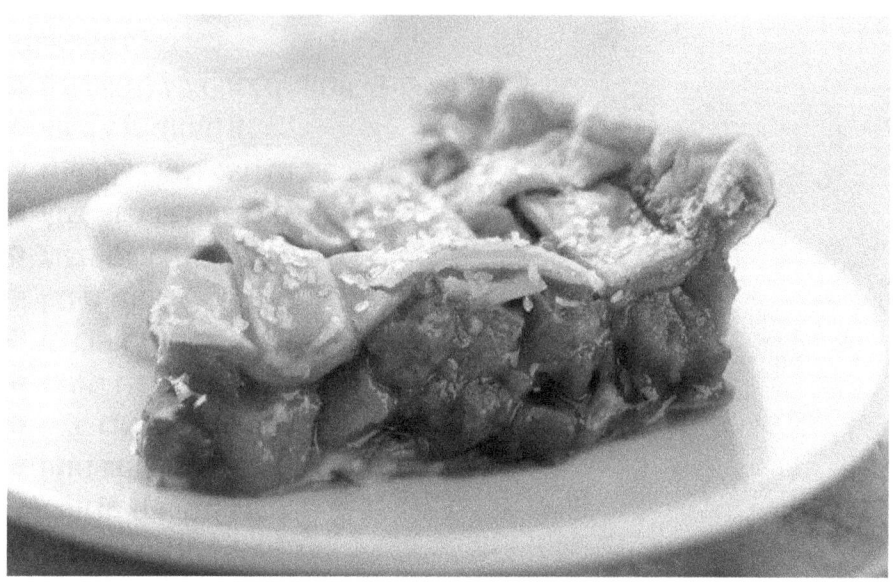

מכרכיבים:

מילוי פאי:
- 8 תפוחי גרני סמית, קלופים ופרוסים (7 תפוחים גם התפוחים גדולים מאוד)
- 2 כפות חמאה מומסת
- ⅔ כוס סמק
- 1 כוס סוכר לבן
- 1 כפית קינמון

CRMBLE TOP:
- ½ כוס (1 מקל) קמח האמה מומסת
- 1 כוס סמק
- 1 כוס שיבולת שועל
- 1 כוס סוכר חום חדס
- 1 כפית קינמון

הוראות:

מילוי פאי:
a) מרסמים את החלקה התחתונן של תבנית פאי בעומק 9 אינץ' בזרת ספריי.
b) מפזרים את התבתינת בתבנית פאי. אם מכינים סיניבל, מרק לחרוצי את השולי. קרוב לפלני המילוי.
c) מורחים ¼ כוס חמק באופן שווה על תחתית קצב הפאי לפני הסופת מילוי פאה.
d) מאחדים את כל המרכיבי מילוי פאה: **מכרכיבי מילוי פאה:**, וחולצים לתבנית פאה. השפטידה. מאחדים את כל מרכיבי עד היות יד גדולה.

CRMBLE TOP:
e) מערבבים את כל החמורים עד לקבלת תערובת פירורית.

הָפָּיָה:
f) מוסיפים את ה-cramble top למילוי פאה, מפזרים צורה החידה. אם משתמשים בחלק העליון של פאי, הניחה על כל מילת הפאה ותחומרי את. תור כיבור קצבה, ונות תחתתה לא הצבה קצבה מילוי פאי העליון של מעטפת הפאה קצווה.
g) צירחי חירצים בקרם פורוס דכ ידי לשפאל שפלטידה. מרסמים את מחוברת בסביפרייר מילוי פאה פורוס מחמר ומפזרים בטיה 5 כוסף רבכו לגבלס.
h) אם (תפוח אם) מכסים בריין פסק ופאומ חוב של 350 מעלות למשל העש (חופ תונר העסה משתמשים בתנור הסה)

a) מנחים לפשטי ההתדל לחתקרר לחלוטין לפני הגהשה.

45. פאי תפוחי אדמה מתוק

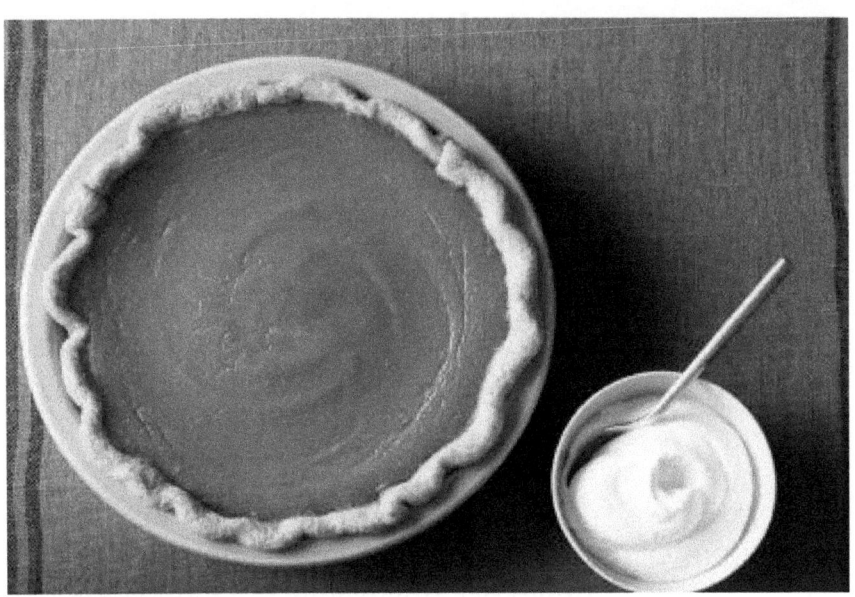

הטטב תודיטשפ 2 :הניכמ

תוקד 5 העש :ללוב לושיב/הנכה ןמז

:םיביכר

- ינוניב לדוגב תוטטב 2
- רכוס סוכ ¼ 1
- האמח תולקמ ½ 1
- תחא הציב דועו םיציב 4-5
- לינו תיצמת תויפכ ½ 1
- ןומיל תיצמת ףכ 1
- טקסומ זוגא תיפכ 1
- ןומניק תיפכ 1
- םיקומע תחלצ יאפ ימורק 2

תוארוה

a) .הקד רשמב (םעפ לכב םיציב 2) םיציבו האמח ,רכוס ,תוטטב םיפיצקמ
b) .ןומניקו טקסומ זוגא ,ןומיל תיצמת ,לינו תיצמת םיפיסומ
c) תוקד 3-4 בטיה םיפיצקמ
d) םיקומע תחלצ יאפ ימורק 2-ל הלילבה תא םיריבעמ
e) ומכ המעטו ,הגוע תלילב ומכ תוארמ הליריכ ,המדאה יחופת תבורעת .הדילג
f) .תוקד 60 דע 55 ,תולעמ 350-ל שארמ םמוחש רונתב םיפוא
g) !הנהת

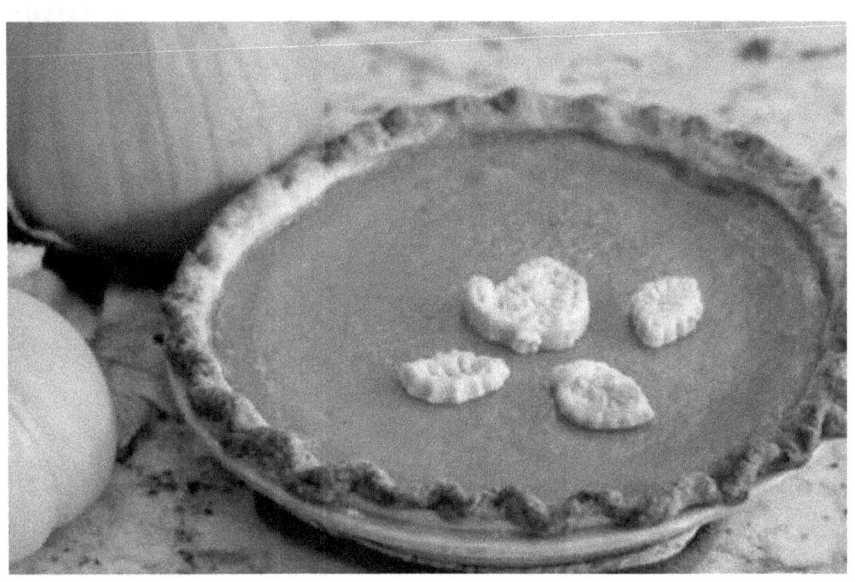

רכיבים:

- 1 קופסת (30 אונקיות) תערובת פאי דלעת
- 2/3 כוס חלב אידוי
- 2 ביצים גדולות טרופה
- 1 מעטפת פאי 9 אינץ' לא אפויה

הוראות:

a) מחממים את התנור ל-425 מעלות פרנהייט.

b) בקערת ערבוב גדולה, מערבבים את תערובת פאי הדלעת, החלב המאוד והביצים.

c) יוצקים את המילוי לקליפת הפאי.

d) אופים 15 דקות בתנור.

e) מעלים את הטמפרטורה ל-350 מעלות ואופים עוד 50 דקות.

f) תנו לו לנער בעדינות כדי לראות אם הוא אפוי במלואו.

g) מצננים שעתיים על רשת.

47. תימורד הטטב יאפ

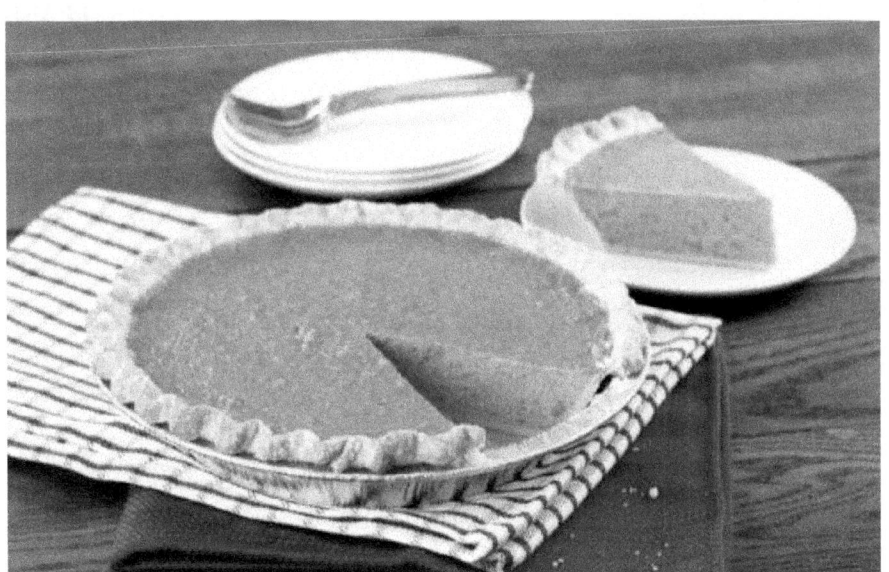

רכיבים:
- 2 כוסות בטטה קלופה ומבושלת
- ¼ כוס קמח האמה מומסת
- 2 ביצים
- 1 כוס סוכר
- 2 כפות רובון
- 1/4 כפית חלב
- 1/4 כפית קינמון טחון
- 1/4 כפית ג'ינג'ר טחון
- 1 כוס חלב

הוראות:

(a) חממו תנור ל-350 מעלות פרנהייט.

(b) מעלבח טעם ,מערבבים במלומאס את כל לכ **מרכיבים**: במיקסר חשמלי.

(c) מוסיפים את החלב ומשמישים בערבל לכהשכ מתאחד לגמרי.

(d) יוצקים את המילוי לקליפת המאפה ואופים 35-45 דקות, או עד שסכין הננעצגת ליד המרכז יוצא נקי.

(e) מוציאים מהמקרר לו מניחים לתהקרר לפטמפרטורת החדר לפני ההגשה.

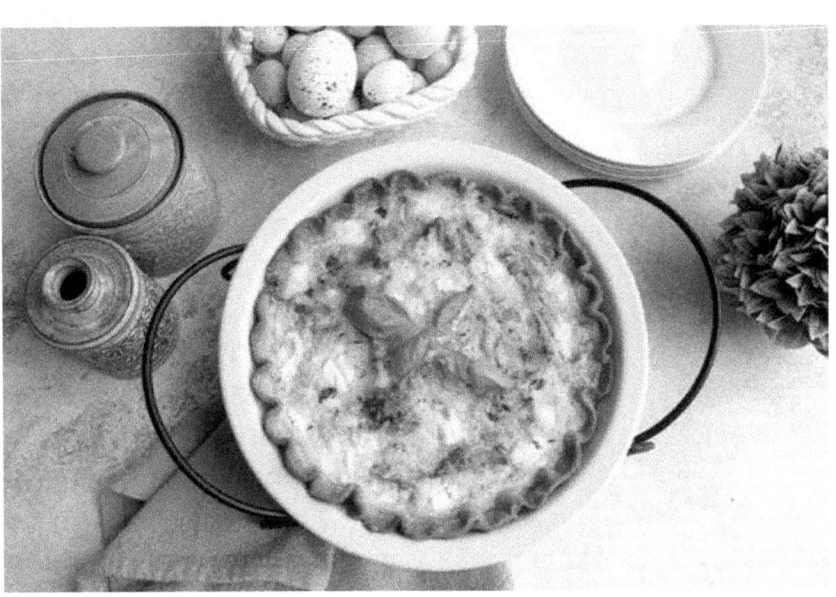

ביבְּרַמ

- הֶבּוּמ ;םיציב 3
- רַכרתה ;זוע 3 זראמ תיריע םע תנמש תניבג 1
- םוש תקבא תיפכ ¾
- לפלפ תיפכ ¼
- ררוגמ ;יקלח הזר בלח ,הלרצומ תניבג סוכ 1½
- הטוקיר תניבג סוכ 1
- זנוימ סוכ ½
- טוחס ;זוע 14 תיחפ קושיטרא תובלב 1
- ןקורמו ףוטש ;םירומיש ,זוע 15 וזנברג תיעועש ½
- טוחס ;זוע 1/4 2 םיסורפ םיתיז תיחפ 1
- ןקורמו תויבוקל ךותח ;סוטנייפימ רא'צ זוע 1 2
- רתחנ ;הילוזורטפ תופכ 2
- יופא לא ;('ץניא 9) יאפ םורק 1
- רותח ;הייגנבגע םינטק 2

תוארוה:

a) מעבברבים ביציב, תנמש ,אבקת םוש ולפלפ גאבל עברוב גדול.
   מעברבים 1 סוכ תניבג ריקוטה תניבג ,הלרצומה ,ונימו זנוימ בקרעת ערוב.
b) מעבברבים עד שהכל מתערבב בהיט.
c) חותכים 2 בלובת ארטישוק לשניים ומניחים בצד. שומצים את ראש הלבבה.
d) לרוק את תערובת הגבינה עם הגבינה הלבבות קאצוים, פולי גרבנזו, זיתים,
   פימיינטוס הפטריזולי. ממלאים את מעטפת קצבה בתערובת.
e) גבינב תנתיגב המוצרלה גבינת ראש את אפוי. מעלות 350 לש םוחב תוקד 30 םיפוא
   פרפרמזן שי לפל עמ.
f) אופים עוד 15 דקות או עד להתייצבות.
g) מניחים ממחנה של 10 דקות.
h) מלעמלה מסדרים פרוסות עגבנייה ולבבות ארטישוק חותכים לרבעים.
i) תרֶשֶׁל

49. ירפב 'גטוק יאפ

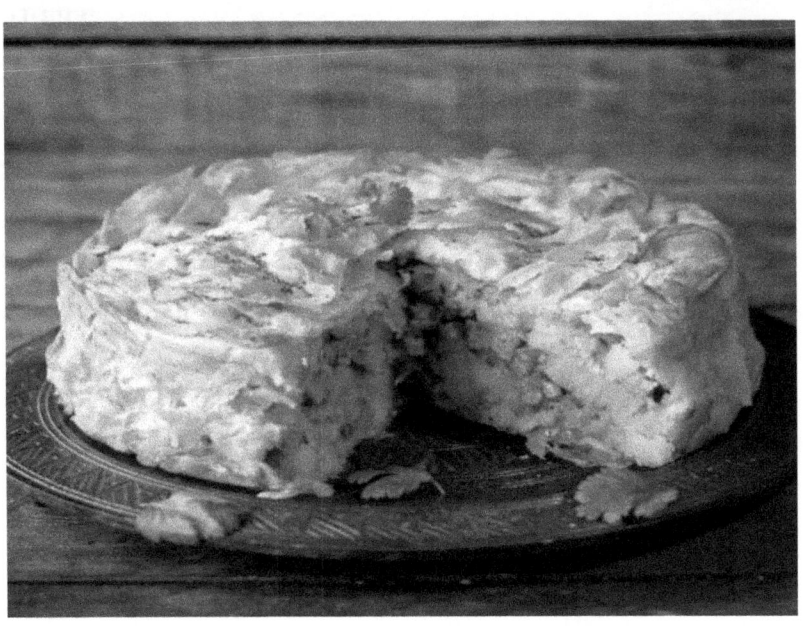

רכיבים:

- תפוח אדמה יקווי הזב, קולפים וחותכים לקוביות
- 2 כפות מרגרינה טבעונית
- 1/4 כוס חלב סויה ריגל לא ממותקת
- מלח ופלפל שחור גרוס טרי
- 1 כף שמן זית
- 1 צבץ לצהוב בינוני, קצוץ דק
- 1 גזר בינוני, קצוץ דק
- 1 צלע סלרי, קצוץ דק
- 12 אונקיות סייטן הטייט ח , קצוץ דק
- 1 כוס אפונה קפואה
- 1 כוס גרעיני תירס קפואים
- 1 כפית מלח מיובש
- 1/2 כפית טימין מיובש

כיוונים

a) בשלים את תפוחי האדמה בסיר עם מים עד שמים רותחים עם חלם עד שהם רכים, 15 עד 20 דקות.

b) מוסיפים את המרגרינה, חלב הסויה ומלח. מוחזרים לסיר. מסננים היטב ומוחזירים לסיר. עטה יפל לפלפל.

c) מעכבים עם גס של תפוח אדמה ומניחים בצד. מחממים את התנור ל- 350 מעלות צלזיוס.

d) בחבת גדולה חלום מחממים את השמן על אש בינוני. מוסיפים את הבצל, גזר והסלרי.

e) מכסים ומבשלים עד לריכור, כ-10 דקות. מערבבים פעם בפעם את הקריה לתבנית אפיה בגודל 13X9 אינץ'. מערבבים את המינ פנים את הסייטן, רוטב בטור הפטרורית, הפעונה, תריתה, המלומה והטימין.

f) מתבלים בחלב ופלפל יפל מטעה ומפזרים את התערובת הרוצה הדיחא בתבנית האייפ.

g) משטחים את הריפה, מורחים עד לשולי תבנית האייפה. אופים עד שפוחי האדמה משחיחמים והמלית מבעעבעת, כ-45 דקות.

h) מגישים מים.

50. פאי עוף, ברישה ופטריות

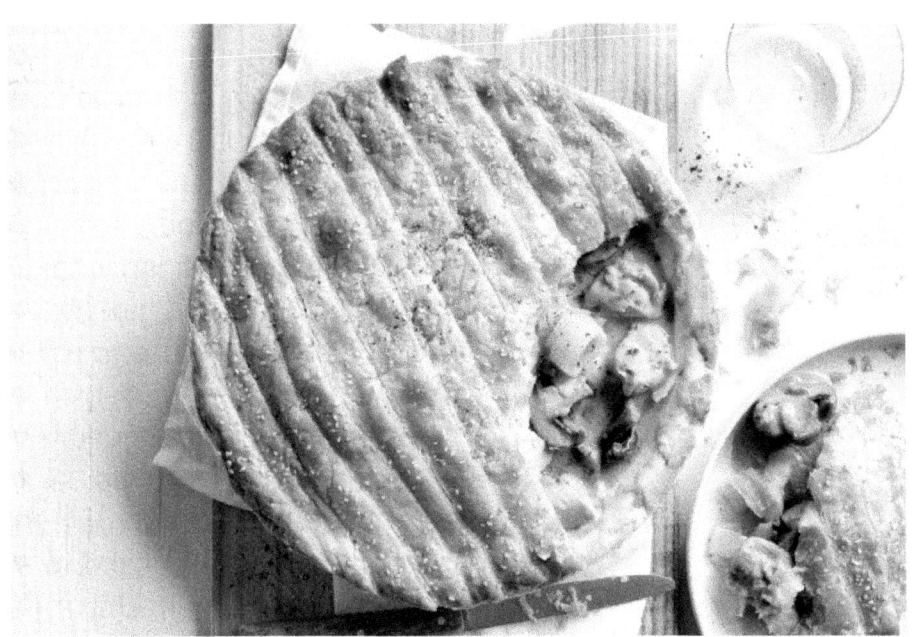

:םיביכר
- 1 כמות מאפה צקר, מקורר
- הרעות מק חמ רגיל לכל (מטרה) נוספת אלל גולטו ודי דרדל את המאפה
- 250 גרם (2½ כוסות) שומר, קצוץ
- 2 כרישים בינוניים, קצוצות
- 240 גרם (2 כוסות) פטריות
- 240 מ"ל (1 כוס) יין לבן
- 240 מ"ל (1 כוס) חלב
- 120 מ"ל (חצי כוס) מרק ירקות
- 4 כפות חמק עירת/עמילן וירת
- 700 גרם (1½ פאונד) חזה עוף
- ½ כפית לפלפ שחור גרוס טרי ירק
- ¼ כפית מלח מי (כשר).
- 2 כפיות שעבי ביתל לוביש ירדה שיביש הד פרובאנס
- 2 כפיות שמן זית

:הוארות
a) הוסיפ את הכרישה, שוטפים ומסננים היטב בטיה. חותכים את השומר לקוביות ופורסים את הפטריות.

b) מחממים 1 כפית שמן זית בינוני על אש במחבת יזת ומוסיפים את הכרישה. מבשלים 5 דקות והשומר.

c) מוסיפים את הפטריות ומשכיבים ולטגן עד להזהבה. מעביים מוסיפים את העוף ומבשלים את העוף. חותכים את העוף לחתיכות לצלחת/קערה מזמן ובשביל את העוף. חותכים את העוף לחתיכות גודל ביס.

d) מחממים את 1 כפית שמן זית חוזה הנותרת במחבת האפייה על אש בינוני ומשליים את נתחי העוף בקבוצות, עד להזהבה.

e) מעבירים מונת משובלות לאואת קערה הכ ומכ היריקת המקופצים. לאחר שכב העוף מזחזירים את העוף/ירקות למחבת ומזוגים עם לעמ את היין הלב מחמיזרים את העוף/ירקות למשוב, שכב העוף הלבן.

f) מתבלים בפלפ לפלפ ומוסיפים את שעבי התיבות היבשיה. מביאים לרתיחה ומבשלים על אש נמוכה הכומ במשך 10 דקות.

g) מוסיסים את חמק שתירה עמילן/עירת שתירה בלהב המחבת. מערבבים ברעל במחבת עד שהטורב מסמיך. מוסירים מהאש שנמחיני לצד האחד.

h) 5. חממים את התנור ל-170C מאוורר, 375F, סימון גז.

i) חק את הבצק המצונן ושל מרדדים ביו שני פדים מקומחים בטיה של נייר חסין שומן לצורה הרוחב טעם גודל היותר מתבנית הפאי של.

j) מערבבים את הקרה שרף לתערובת עוגה וויצקים אותה לתבנית הפאי. וויד נביר השמומ, הופר את הפאמה אם הסרו את הדף שמנצמא בעת למעלה.

k) משתמשה בנייר השמומ הנותר כדי לעזר לך להעביר את הפאמה על תבנית הפאי. חותכים את הקצוות וכמו שיצעים בעזרת שתי יתר אצבעות ואגודל.

l) אם אתם מרגישים אומנוותיים, גלגלו ומחדש את לב תורג הבצה וגזרו 4 צורות עלי לקישוט.

m) מברישים את הקלחה עליון של הפאי בתערת העצרת הביצה/חלב ומקשטים ברצועות שנשמרו מהכהנת, הפאמה, חותכים בלצ קטן וטן במצמע ומקשטים בצורות עלי הבצק.

n) מברישים את אלה הלא גם עם שטיפת ביציב. מניחים על תבנית עם נייר אפייה ומכניסים לתנור.

o) אופים במשרף 45 דקות עד לקליפת פאה מזהיבה והמלית לוהטת.

51. פאי דלעת עם רום זנגביל

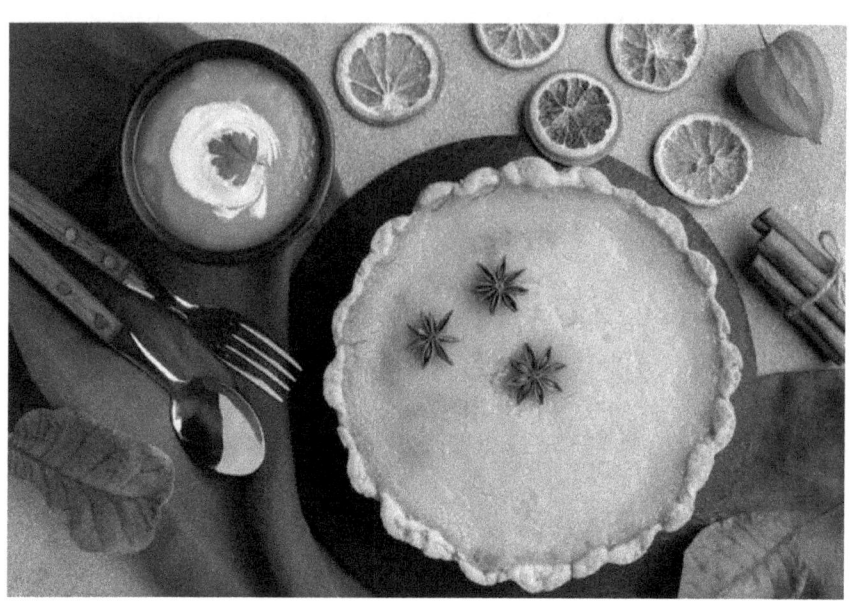

רכיבים:

קורם
- 11/4 כוסות קמח לכל מטרה
- 1/4 כפית חלב
- 1/2 כפית סוכר
- 1/2 כוס מרגרינה טבעונית חותכת לחתיכות קטנות
- 3 כפות מי קרח, ועוד במידת הצורך

מילוי
- 1 (16 אונקיות) קופסת פולדע מצוקה
- חביל אחת תחא (12 אונקיות) פוט ומשי ביצי במיחוד, מורקן ומיובש שבטיפחה
- 1 כוס סוכר
- תערובת חלפת ביציס מובנה ל-2 ביציס (הא האיפה טבעוניתו)
- 1 כב רוס הכה
- 1 כפ עמילן תירס
- 2 כפיות קינמון טחון
- 1/2 כפית פלפל אנגלי טחון
- 1/2 כפית ג'ינג'ר טחון
- 1/2 כפית אגוז מוסקט טחון

הוראות:

a) בקערה הבינוני מערבבים את הקמח, המלח וסוכרו. משתמשים בלנדר או
מזלג ידי חותך את המרגרינה עד שהתערובת מזכירה פירורי סגיס.
מוסיפים את מים בכף טעם לכב פעם ומערבבים עד שהקמק רק מתחיל
להיאחז. משתחים את הבצק לדיסקית עגולה ועוטפים אותו בניילון נצמד.
מקררים 30 דקות מזמן שמכבינים את המילוי.

b) בעמבד מזן ועוזן מערבבים את הדלהת ופוטהו עד לקבלת תערובת הדיחה.
מוסיפים את הסוכר, חילפת ביציה, סיריס פומיה לפיימה, מור, עמילן סרית,
תערובת לקבלת עד מערבבים ומוסקט, אגאו ג'ינג'ר, אנגלי לפלפ, קינמון
אחיד החלקו.

c) מחממים את התנור ל-400 מעלות צלזיוס. מרדים את הקצה על משטח
עבודה מקומח קולק טורטו של כ-10 ס"מ. הניסה את הקצה ללחלחת אבפ
בגולד 9 ניא' וקצצו וחתכו את הקשוחה.

d) ציקוים את המילוי לתוך הקרוה. אופים בטמש 15 דקות, או זו מנמיכים את
טמפרטורה הנורה ל-350 מעלות צלזיוס ואופים עוד 30 או 45 דקות, עד

עד שהמילוי מתייצב. מניחים להתקרר לפרמטורט החדר על רשת,
ולאחר מכן מצננים במקרר למשך 4 שעות או יותר.

52. קורי תוינבגע יאפ

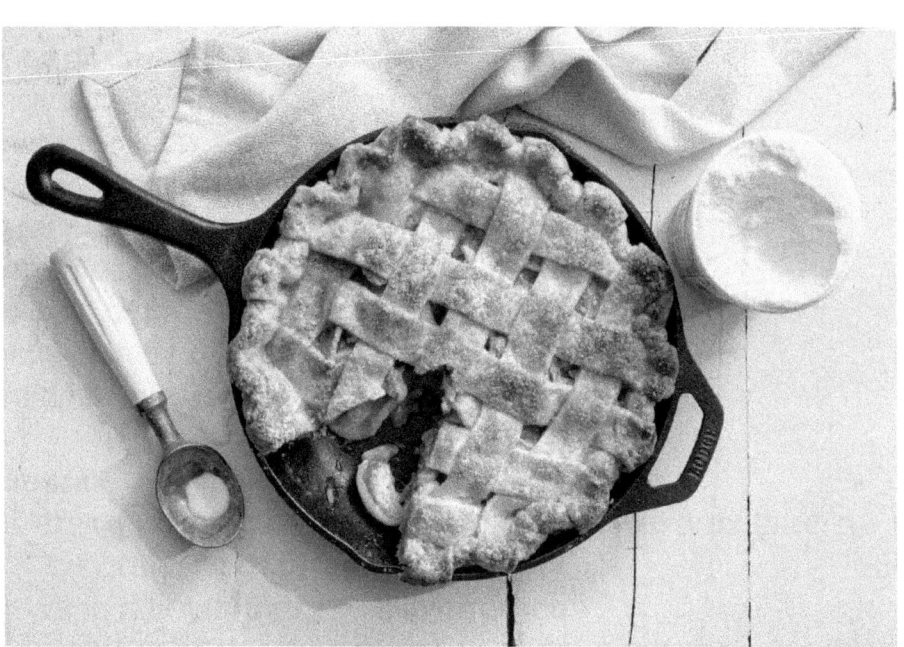

רכיבים:

מאפה קרוטון כופל
½ כוס סוכר
2 כפיות קמח
1 לימון; קליפה מגוררת של
¼ כפית פלפל אנגלי טחון
¼ כפית מלח
4 כוסות גבעני הירוק: קולפים, פרוסים
1 כפית מיץ לימון
3 כפיות חמאה

הוראות:

a)   מפרידים בתנית פאי בצקק .מערבבים את הסוכר, הקמח, קליפת הלימון, פלפל ואנגלי והמלח דחי.

b)   .מפזרים קר טעם מזה בתחתית קליפת הפאי.

c)   מסדרים את פרוסות העגבניות, שכב הבכ לכב פעם, שכאתם מכסים לכ השרוס. הבכב בתערובת הסוכר, מיץ הלימון ונקודת חמאה על לכ הפרוס.

d)   .מניחים תבנית פאי שאר לעיל עד דברל שמיכ

e)   .מכסים עם משטח גרוס ואופים בחום של 350~ למשך 45 דקות.

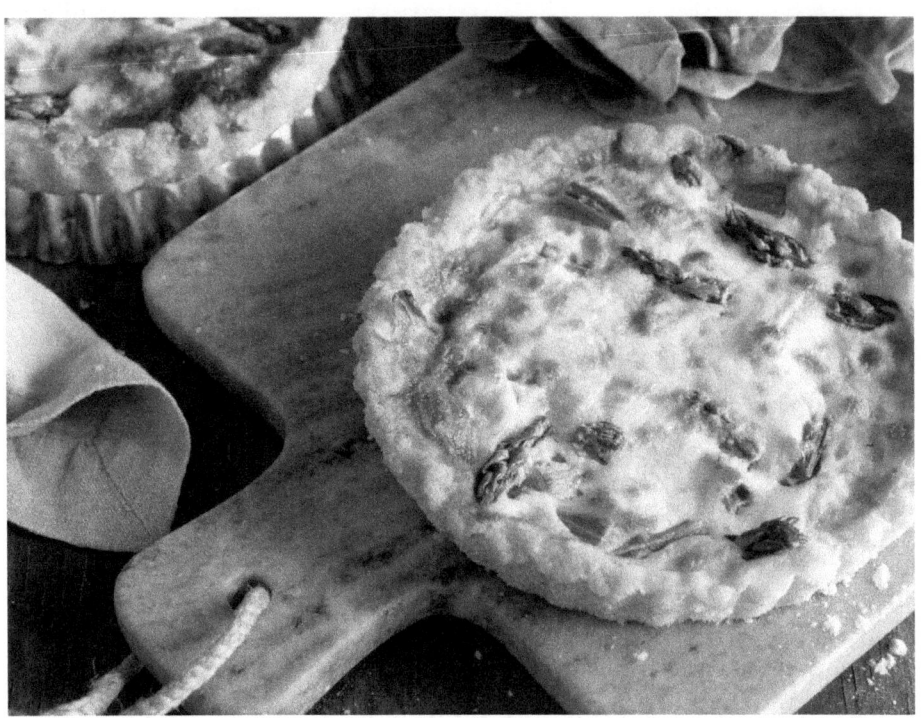

רכיבים:

- אופק סוגרפסא (מרג 8) תחא הליבח
- 1 כוס נקנק קווביתו; מֻבושֶׁל
- 1 כוס חצי וחצי
- חפיח תחא (4 גרם); פרטוריות; סחוט
- 1 כפית מלח
- 3 ביציים; מוכה העמט
- ⅓ כוס סוב צבל קצוע (אל הובה)
- 1 אל אפויי; קורם פאי בגודל 9 אינצ'

הוראות:

a) מעברבבים את החצי וחצי, צבל, במשלים אספרגוס ומסננים בתיה. מערבבים את ההתעתרבות המהתקנ טמות תכובמ מוסיפים. תחא הקד במשילים. ומלח חלמו ריסמ. פרטוריות מוסיפים לתערובת במחמת, רות עברו בובר, ומערבבים בתיה. ומערבבים ליבציים המחה לתערובת.

b) מסדרים בקרוב אספרגוס סחוטים ושיניקוי. יצוקים תערובת המח לעל.

c) אופים ב-400 במשר 15 דקות; נתיני לפזר תוך קלום פלפל על גזוגא על פני השטחה. אופוים אואו 25-20 דקות ל-325 מניכים ומחמ את החומ ל-325 ואופים 20-25 דקות יתר או עד שהלסה בסכין נתן העננה במרכז הפאי יאפה אצוי נקי.

פשטידות אגוזים

54. פאי פקאן

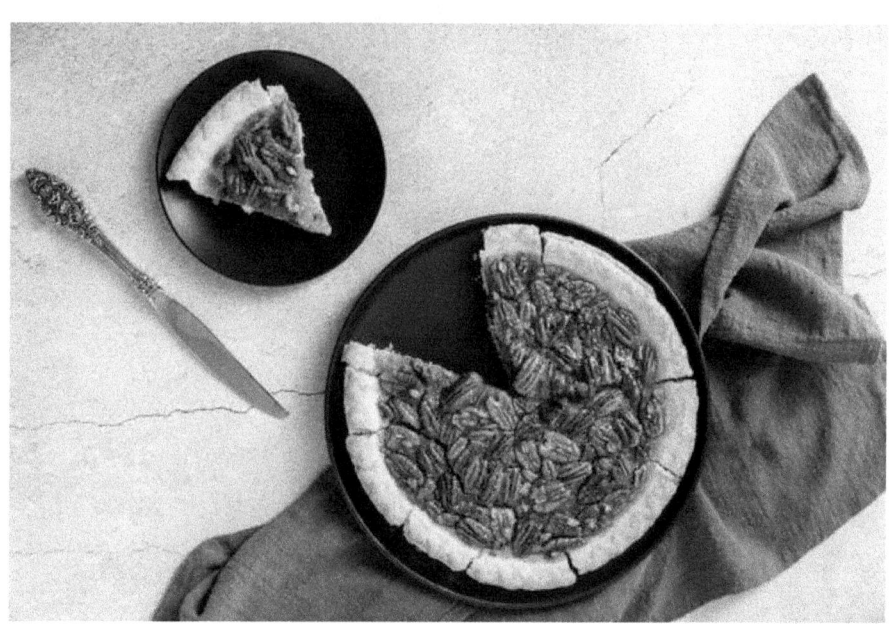

כרכיבים:

קרום

- 11/4 כוסות קמח לכל מטרה
- 1/4 כפית חלם
- 1/2 כפית סוכר
- 1/2 כוס מרגרינה טבעונית חתוכה לחתיכות קטנות
- כפות מי קרח, ועוד במידת הצורך

מילוי

- 2 כפות עמילן תירס
- 1 כוס מים
- 11/4 כוסות סירופ מייפל לטוהר
- 1/2 כפית חלם
- 2 כפות מרגרינה טבעונית
- 1 כפית תמצית ונילו טהורה
- 2 כוסות חצאי פקאן ללא חלם, קלויים

הוראה:

a) בקערה גדולה עירבבו את הקרום: מכינים את הקמח, המלח והסוכר. בלנדר או כלי ידי חתוך את המרגרינה עד שהתערובת מורכבת מפירורים גסים. מוסיפים את המים טעם לכב פעם ומערבבים עד שהבצק רק מתחיל להאיחז.

b) משתחים את הבצק לדיסק עקסי ועוטפים בניילון צמד. מקררים 30 דקת בזמן שמכינים את המילוי. מחממים את התנור ל-400 מעלות צלזיוס.

c) בקערה הנכטן מערבבים את העמילן והתירס את 1/4 סום מים. בסיר בינוני מערבבים את יתרת 3/4 כוס מים ומניחים צד. מרתיחים במשך 5 דקות, ומביאים לעמייפל לרתיחה על אש הגבוה. או מוסיפים את החלמה ואת תערובת עמילן התירס, מנצרמת ורוך הפירט. מממשכים לערבב בברל ומבשילים על אש הגבוה עד שהתערובת מסמיך ווהונילו הפופה שקופה. מסיריס מהאש ומערבבים את המינפ את המרגרינה ווהונילו.

d) מרדדים את הבצק על משטח עבודה מקומח חומק לקלוקר טרוק ל-כ 10-מ"מ. מניחים את הבצק בתחלל לצדול פאי בגודל 9 איני'. חותכים את הבצק ומחלילים קורקים חורים בתחתית הבצק עזרת מלגב. אופים עד את הקרקוות.

להזהב, ואז מוקד 10-כ, זאו מוציאים המהתנור וניחים בצד. מנמיכים את
טמפרטורת התנור ל-350 מעלות צלזיוס.

e)‎   לאחר שהמרגרינין נמסה, יוצקים את המילוי לתוך הקרום האפוי מראש.
מסדירים מחציית מאגוזי פקאן ומלית, מהדקים אותם לתוך התערובת
ומצננים 30 דקות. אופים במשך ומסדירים את החצי הנותר על גבי האפיה. על שרת בשעה, ואז מקררים עד לצינון.

55. <u>פאי אגוזי לוז שוקולד לבן</u>

עושה 8 מנות

רכיבים:

- 1½ כוסות פירורי עוגיות נילי טבעוני או שוקולד
- 1 כוס שוקולד צ'יפס לבן טבעוני או חתיכות
- 1/4 כוס מים
- 2 כפות פרנג'ליקו (ליקר אגוזי לוז)
- 8 אונקיות טופו משי, רך במיוחד, סחוט
- 1/4 כוס נקטר אגבה
- 1 כפית תמצית וניל טהורה
- 1/2 כוס אגוזי לוז קלויים מרוסקים, לקישוט
- 1/2 כוס פירות יער טריים, לקישוט

הוראות:

a) משמנים תבנית פאי בגודל 8 אינג' או תבנית קפיצית ומניחים בצד.

b) במעבד מזון מערבבים את פירורי העוגיות והמרגרינה ומקציפים עד שהפירורים נרטבים.

c) מהדקים את תערובת הפירורים לתחתית ודפנות התבנית המוכנה. מקררים עד הצורך.

d) ממיסים את השוקולד הלבן ובלה בסיר כפול על אש נמוכה תוך כדי ערבוב מתמיד. לְהַפְרִישׁ.

e) בבלנדר מהיר טוחנים את הקשיו לאבקה. מוסיפים את המים ואת פרנג'ליקו ומערבבים עד לקבלת מרקם חלק. מוסיפים את הטופו, נקטר אגבה ולינו יהונו ומערבבים עד לקבלת מרקם חלק. מוסיפים את השוקולד הלבן ובלה סומה ומעבדים עד לקבלת קרם חלק.

f) מורחים את התערובת לתבנית המוכנה. מכסים ומקררים 3 שעות, עד לצינון היטב.

g) הגשה, מקשטים באגוזי לוז מרוסקים ופירות יער טריים.

56. פאי קוקוס קל ללא גלוטן

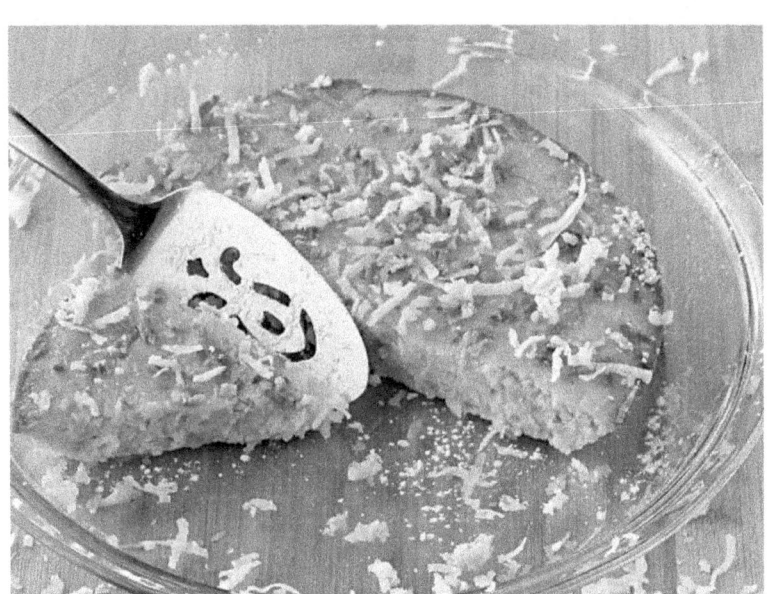

תוקד 52 :ללוב ןמז

6-8 :השוע

:םיביכר

- 2 םיציב
- 1 1/2 תוסוכ חלב
- 1/4 סוכ חמאה
- 1 1/2 כפית. תמצית ונילי
- 1 סוכ סוקוס מגורר (אני השתמשתי במתקתק)
- 1/2 סוכ ירפ רזני וא) הסוכר המעודף עליך(
- 1/2 סוכ קמח קוקוס

:הוראות

a) מצפים חלתה פאי גודל 6 אינ'ג בספריי טפלון וממלאים אותה בבלילה. שמה לעקוב אחר אותו והוראה מכ ליעל.

b) בשלים בראיר פריר ב-350 מעלות למשך 10 עד 12 דקות.

c) דוק את הפאה מאמצע זמן הביישול כדי לוודא שהוא לא נשרף, ותן סיבוב לצלחת, שהתמנס ביקסם כדי לבדוק את מידת העשייה .

מכבינה: 1 מנות

כרכיבים:

- 3 ביצים טרופות קלות
- 1 כוס סוכר חום, ארוז
- ½ כוס סיריפ תירת הכה
- ½ כוס חלב אידוי
- ½ כוס שיבולת שועל מגולגלת לבישול מהיר
- ½ כוס אגוזי מלד שחוריים קצוצים גס
- ¼ כוס (4 כפות) חמאה, מומסת
- 1 כפית נוזל
- מלח
- מאפה לא יופי לפשטידה חד-קלתית

הוראה:

a) בקערת ערבוב גדולה, הלודג, מערבבים ביציים, סוכר, סירופ, חלב, שיבולת שועל, אגוזים, החמאה, ונוזל ו-⅛ כפית מלח.

b) מרפדים צלחת פאי בגובל 9 אינ' במאפה, גזם וקנה הצח. מניחים את
    הצלחת על רשת התנור ויוצקים את המילוי. הגה על קצה הפאי בניר ספכ
    כדי למנוע השחמה יתרה. אופים ב-350F למשך 25 דקות. הסר נייר ספכ.

c) אופים כ-25 דקות נוספות או עד שהחלק העליון מקבל צבע זהוב עמוק
    ומעט תפוח.

d) המילוי יהיה טעם רך, אך יתמצק כשהוא מתקרר.

e) מצננים לחלוטין.

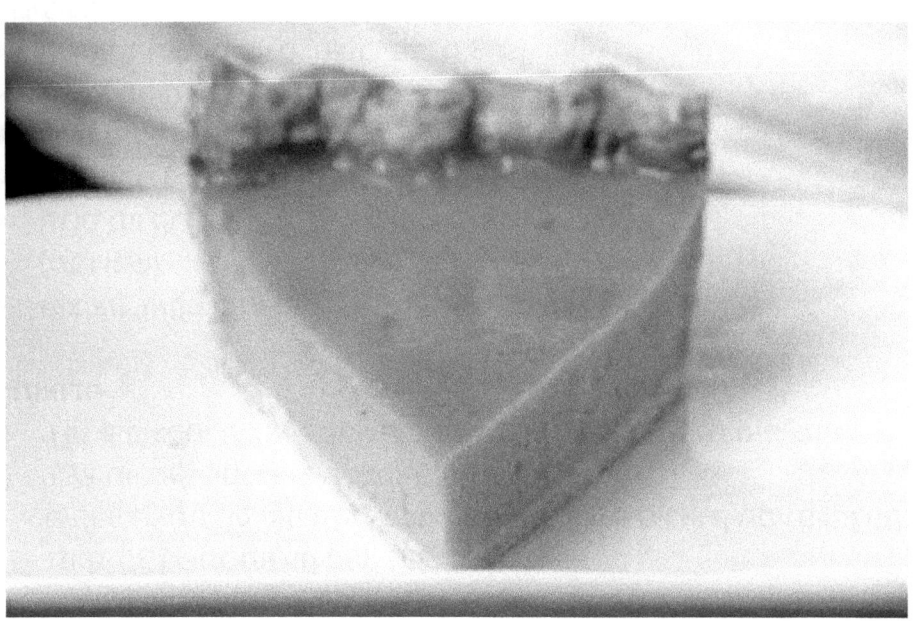

רכיבים:
- 3 חלבוני ביצה, טרופים בצורה הרוקשה
- 1 כפית אבקת אפייה
- 1 כוס רבכ
- 1 כפית ונל
- 20 קרקרים סודה
- (שבור גס)
- ½ כוס אגוזי פקאן, קצוצים

הוראה:
a. מקצפים חלבונים לקצף יצבי; מוסיפים אבקת אפייה ומקציפים עוד.
b. מוסיפים כוס רבכ לנוני; להכות שוב.
c. מקפלים פנימה את הקרקרים ואגוזי פקאן. שמים בצלחת מאפה עם החמאה ואופים בחום של 300 מעלות למשך 30 דקות.
d. מצננים ומעלים ב Cool Whip-ואגוזי פקאן וקצוצים.

59. פאי דובדבנים מקרון שקדים

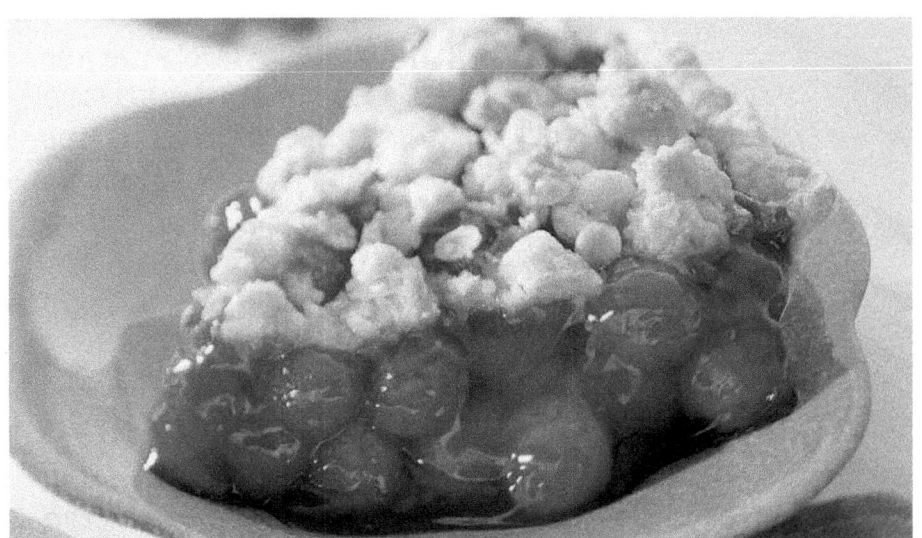

תונמ 6 :הניכמ

:םיביכר

- יופא אל ,'ץניא 9 ,יאפ תפטעמ לכ 1
- םינבדבוד יאפ יולימ תויקנוא 21
- ןומניק תיפכ ½
- סוקוק סוכ 1
- םיסורפ ,םידקש סוכ ½
- רכוס סוכ ¼
- (הבוח אל) חלמ תיפכ ⅛
- (הבוח אל) חלמ תיפכ ⅛
- ןומיל ץימ תיפכ 1
- בלח סוכ ¼
- תסמומ ,האמח ףכ 1
- םידקש תיצמת תיפכ ¼
- הפורט ,הציב לכ 1

:תוארוה

a) 9 לדוגב יאפ תינבתב םיחינמו יאפ קצב םידדרמ .400F-ל רונת םיממחמ .ןומיל ץימו חלמ ,ןומניק ,יאפה תילמ תא םיבברעמ הלודג הרעקב .'ץניא .סורקב תדפורמ יאפ תינבתל ףכ .תולק םיבברעמ

b) .תוקד 20 םיפוא

c) דע םיבברעמו תינוניב הרעקב יופיצה יביכרמ לכ תא םיבברעמ ,םייתניב ,תוקד 20 רחאל רונתהמ יאפה תא םיאיצומ .הדיחא תבורעת תלבקל .רונתל יאפה תא םיריזחמו חטשה ינפ לע הווש ןפואב יופיצה תא םירזפמ

d) .םיביהזמ יופיצהו סורקהש דע וא ,תוקד 30 דע 15 דוע םיפוא

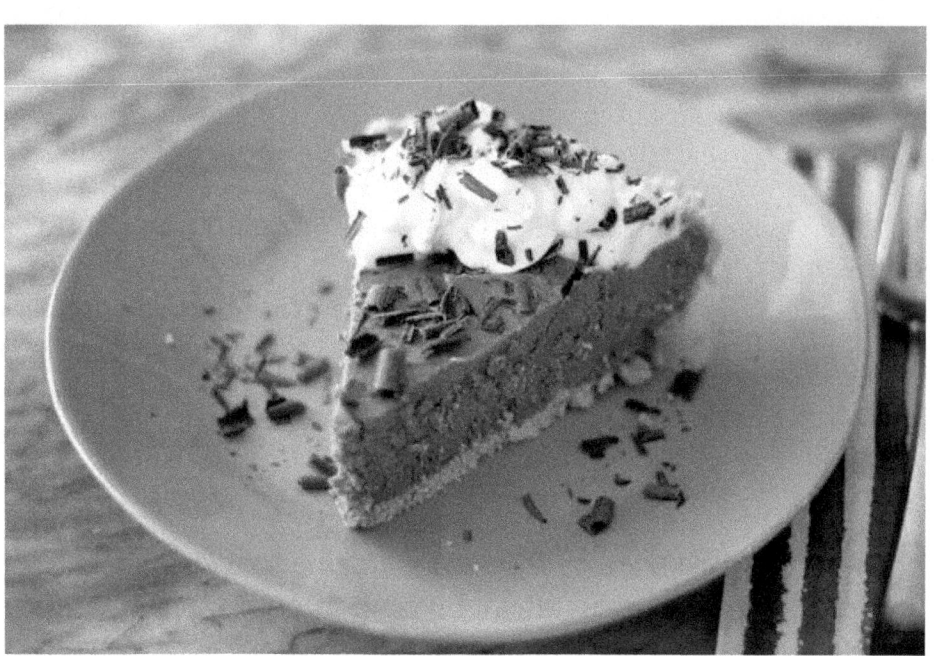

רכיבים:

- 3 ביצים
- ¾ כוס סירופ תירס, ההב
- ½ כוס סוכר
- ¼ כוס מארטו
- 2 כפות חמאה; מומס
- ½ כפית מלח
- ½ כוס שוקולד צ'יפס, מותק חלמצה
- ½ כוס שקדים, פרוסים
- 1 קרום פאי; אל אפוי
- קצפת או גלידה

הוראות:

a) חלמם את התנור מראש ל -350 מעלות. בקערת ביניים טרפו ערבבו הלודג, טורפים ביצים עד לקבלת תערובת אחידה. מערבבים פנימה סירופ תירס, סוכר, אמרטו, חמאה מומסת. מוסיפים שוקולד צ'יפס ושקדים.

b) יוצקים לבצק פאי לא אפוי.

c) אופים עד 50 דקות קודם עד 60 דקות עד שהסכין הננעצת, בין המרכזה לקצה תיוצא נקייה. מצננים לחלוטין.

d) מגישים עם קצפת או גלידה.

S nickers bar pie .61

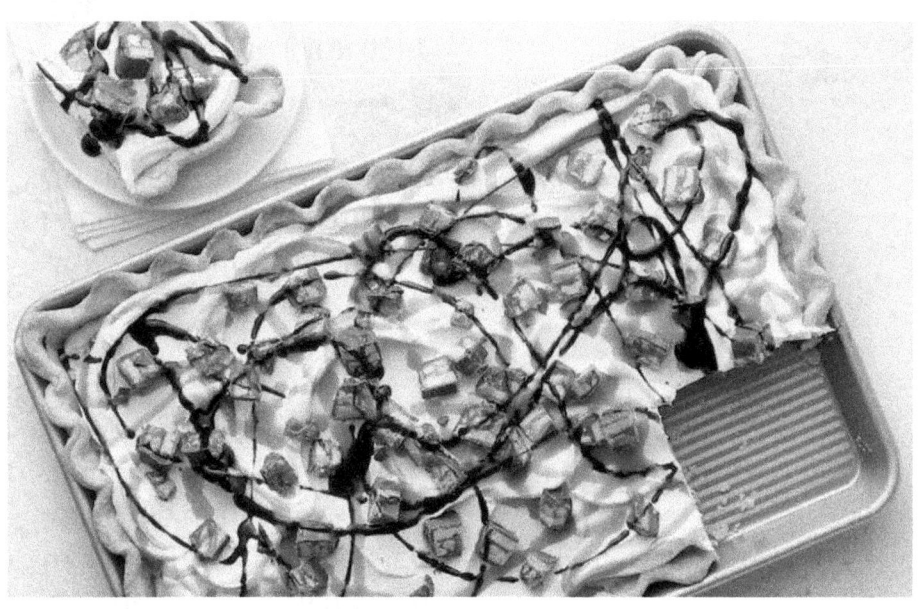

כרביבים:
- 1 מעטפת פאי, אפויה (10 אינץ')
- 4 כוסות חלב
- 1 כוס Cool Whip
- 2 (3 3/4 אונקיות) פוספאות אינסטנט פודינג ונילי
- 3 (3 3/4 אונקיות) פוספאות אינסטנט פודינג שוקולד
- 3 חטיפי סניקרס חתוכים לחתיכות של 1/2 אינץ'
- מגבינה שוט ובוטנים לקישוט

הוראות:

(a) Cool Whip. כוס יצחו לינו פודינג, חלב כוסות 1½ ובלש

(b) מקציפים עד לקבלת מרקם חלק מאוד. מקפילים פנימה נתחי ממתקים.

(c) מורחים במעטפת פאי אפויה.

(d) מערבבים את ראש החלה, Cool Whip ופודינג שוקולד.

(e) מקציפים עד לקבלת מרקם חלק.

(f) מורחים על גבי שכבת לינו. לקַשֵּׁט.

(g) לקַרֵר.

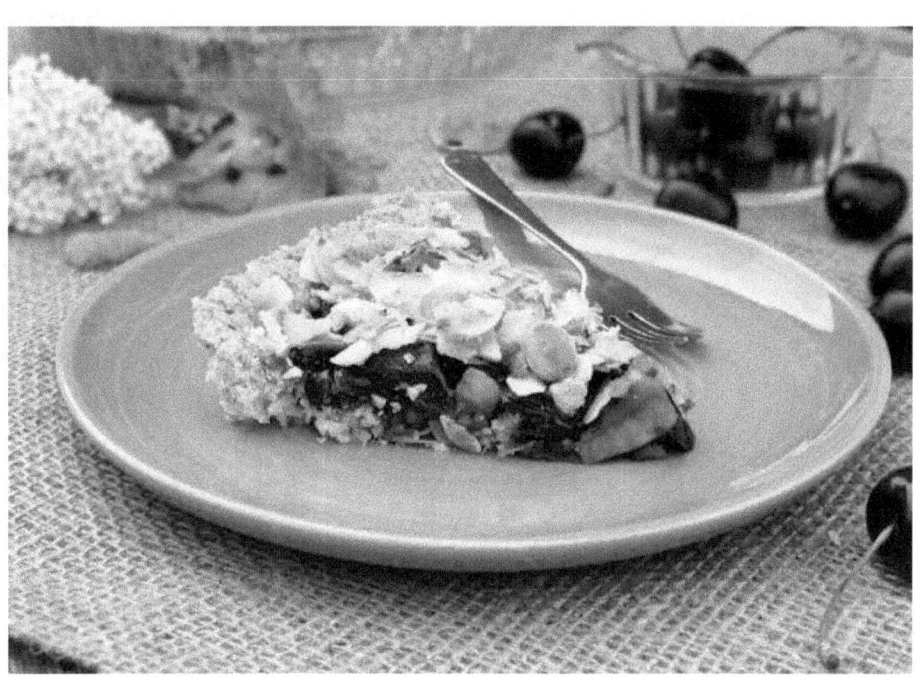

:םיביכר
- יאפ קצב תבורעת (תויקנוא 10) הליבח יצח
- זורא ריהב םוח רכוס סוכ ¼
- םיצוצק ,םייולק ,ןוגרוא זול יזוגא סוכ ¾
- ררוגמ קותמ יצח דלוקוש היקנוא 1
- םימ תויפכ 4
- לינו תיפכ 1
- םימודא םינישרמ ינבדבוד תויקנוא 8
- סרית ןמילע תויפכ 2
- םימ סוכ ¼
- חלמ טרוק 1
- (הבוח אל) שריק ףכ 1
- לינו תדילג רטיל 1

:תוארוה
a) םערבביס (חצי בחיל) תערובת עם יאפ סוכר, ואגוזים שוקלוד באמצעות .םיפאמ רדנלב .לינו םע םימ םיבבערמ .הרחפמ לעמ תבורעת הרורפי הדיחא תבורעת תלבקל דע םיבבערמו.
b) הפוכים לצלחת יאפ 9 אינ'ץ משומנת בטיה; לחק את התערובת הכוחזק תחתית הצדה. אופים בתנור 375 במשך 15 דקות.
c) מצננים על רשת. מכסים ומניחים למעלה מספר שעות או לילה. מסננים שומרים פירורים. קוצצים דובדבנים סג דובדבנים.
d) מערבבים פירוס עם ןמילע סרית, ¼ סוכ םימ חלמו ביסר; לההוסיף בטיה מבשלים על רומד ןרוק עד שוקפ. מסירים מהאש ומצננים היטב דובדבנים.
e) מוסיפים את שריק ומצננים. ףכ הגלידה לתור קליפת הפאי.
f) קוצקים זיגוג דובדבנים על הפאי ומגישים מיד.

עוגות עשבים ופרחונים

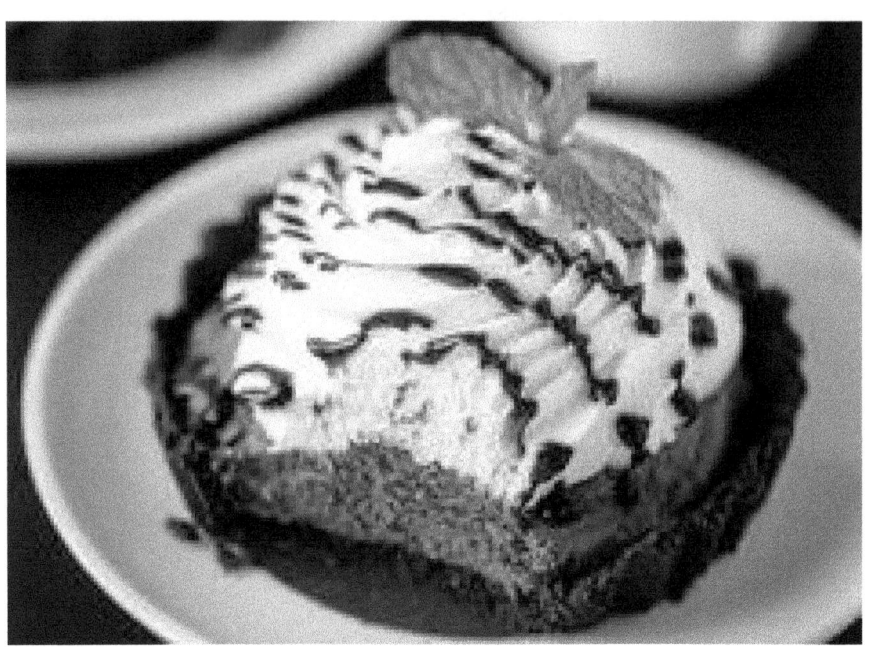

םיביכר:

- 2 בוסות עוגיות שוקולד טבעוניות או עוגיות סנדוויץ' שוקולד טבעם ענגנ
- החלב חמאה (אונקיות 12) שוקולד צ'יפס חמתם קותנ טבעוני
- 1 (אונקיות 12.3) הליבח טופו ושמי ביצי, מרוקן ומופרר
- 2 כפות סוריף פליפ טהור או נקטר אגבה
- 2 כפות חלב סויה היג' או לינו
- 2 כפות קרם הד הנמטה
- 2 כפיות אבקת אספרסו וניסטנט

הוראות:

(a) חממים את התנור ל-350 מעלות צלזיוס. משמנים קלות צלחת אפיה גובל ל-8 אינץ' ומניחים בצד.

(b) אם משתמשים בעוגיות סנדוויץ', שי לפרק אותן ולהסיר את מילוי הקרמה בעזרת סכין. טוחנים קד את העוגיות במעבד מזון. מוסיפים את המרגרינה הטבעונית ומקציפים עד להטמעה.

(c) מהדקים את תערובת הפירורית לתחתית התבנית המוכנה. כשהקורס עדיין חם, מרחים את 5 קדות אם משתמשים בעוגיות סנדוויץ'. מילה הקרמה השמורה על גבי הקרום. מניחים בצד דקת ליצנון, למשך 5 קדות.

(d) ממיסים את השוקולד צ'יפס בסיר כפול או במיקרוגל. לְהַפְרִיש.

(e) מערבבים בבלנדר או מעבד מזון את הטופו, סירף פליפ, חלב הסויה, קרם, מעבדים עד לקבלת מרקם חלק הד הנמטה ואבקת אספרסו.

(f) מערבבים את השוקולד המומס לתערובת הטופו עד להטמעה האלם. מקררים לפחות 3 שעות מורחים את המילוי לתוך הקרום מוכן. לפני ההגשה להצטבות השגהה.

64. פשטידות רוזמרין, נקניק וגבינה

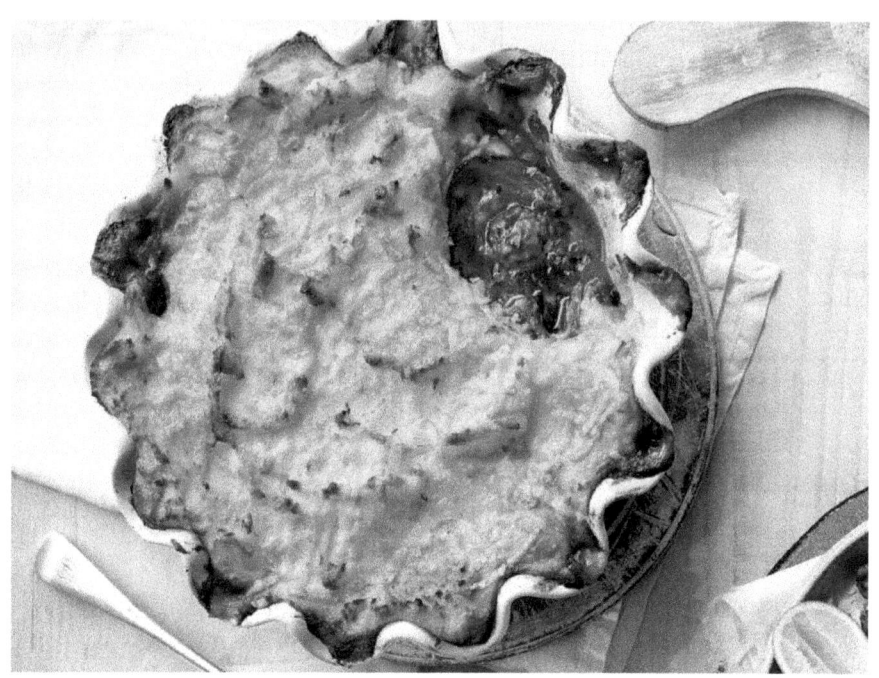

רכיבים:

- ¾ כוס גביני צ'דר, מגוררת
- ¼ כוס שמן קוקוס
- 5 חלמונים
- ½ כפית רוזמרין
- ¼ כפית סודה לשתייה
- 1 ½ נקניק עוף
- ¼ כוס קמח קוקוס
- 2 כפות בצל קוקוס
- 2 כפיות מיץ לימון
- ¼ כפית פלפל קאיין
- 1/8 כפית מלח כשר

הוראות:

a) .חמם ל-350 F. וכוון לרונת

b) בשלושת הנקניק. חממו מזג ןמ שהנהקנינקיות. מחממים חמתבת ובמשלישם נקניק. מערבבים את כל החומרים הביישים בקערה. הרעקב תפסונ הרעקב. הוסף נוזיל לתערובת הביישה. קוקוס, שמן וחלב קוקוס. מערבבים מיץ לימון, מקפלים מאחיל כמנכיסים ל-2 מרקינס. ½ כוס הגבינ; פסוה

c) מוסיפים לבליל הנקניקות מבושלות וחודפים בעזרת כף לתוך התערובת.

d) 4 אופים 25 דקות עד להזהבה במלעה. עמל שאריות הגבינ וצולים במשרך דקות.

e) מגישים חם.

65. פאי אמנון לימון

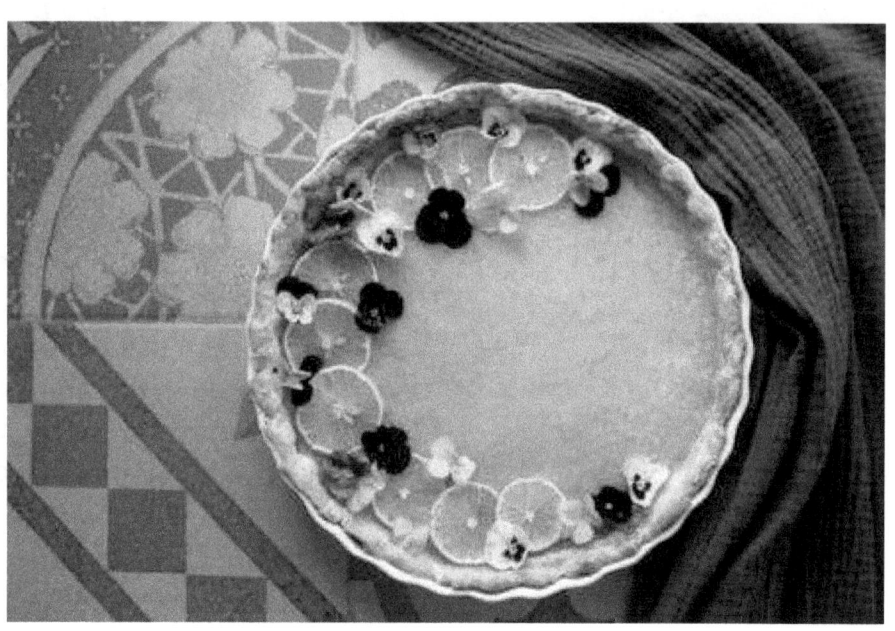

תונמ 8 :הניכמ

:םיביכר

- הפאמ קצב
- םיציב 2
- םינומלח 3
- רכוס סוכ ¾
- ןומיל ץימ סוכ ½
- תררוגמ ןומיל תפילק ףכ 1
- הדבב תנמש סוכ 1
- םעט אלל ןיטל'ג לש תחא הליבח
- םימ סוכ ¼
- שבוגמ ןונמא

:תוארוה

a) ץימ ,רכוס ,םינומלח ,םיציב דחי םיפרוט ,לית תפרטמ םע רטיל 1 לש ריסב הפילקו ןומיל.

b) תבורעתהש דע ץע ףכב דימתמ בוברע רות הכומנ שא לע םילשבמ תוקד 10-כ רשמל ףכה תא הפצמו הכימסמ.

c) .דצב םיחינמו םיננסמ

d) ריינ לש תונוילג 2 ןיב .F'400-ל רונתה תא םיממחמ ,ררקתה הפאמהשב תא םיריסמ .'ץניא 11 לדוגב לוגיעל הפאמה תא םידדרמ ,חמוקמ הוועש םינתוב ,'ץניא 9 לדוגב יאפ תחלצל הפאמה תא םיכפוהו ןוילעה ריינה ףד הצקה לע בחרתהל ףדועל.

e) תחתמ הפאמה יפדוע תא םילפקמ .הוועש ריינ לש ןוילגה ראש תא רסה תחלצה תפש םע דיחא היהיש רכ.

f) עונמל ידכ הפאמה ןפודל ביבסמו תיתחתה תא םיררוחמ גלזמ תרזעב השבי תיועשב םיאלממו סוינימולא ריינב הפאמה תא םידפרמ .תוצווכתה יאפ תולוקשמב וא תלשובמ אל.

g) םיפואו תיועשה םע ףסכ ריינ םיריסמ ,תוקד 15 רשמב הפאמ םורק םיפוא ןיטולחל םורקה תא םיננצמ .ביהזמ םורקהש דע וא רתוי תוקד 12 דע 10 תשרה לע.

h) תובר תוגספ תורצונש דע תנמש םיפיצקמ ,הררקתה קצבה תפילקשב דצב םיחינמו.

i) קר בוברע ידכב רות הכומנ שא לע םיממחמו םימו ןיטל'ג םיבברעמ תבחמב סמנ ןיטל'גהש דע.

j) תא םילפקמ .ןנוצמה ןומילה תבורעת רותל ןיטל'גה תבורעת תא םיבברעמ
הקצפתל תבורעת דע ןומילה תבורעת תלבקל דע תבורעת אחידה. מורחים מלית קרם
לימון בבצק מאפה ומעבירים למקרר לשעתיים או עד להתייצבות.

k) לפני ההגשה מניחים אמנון בקצק הבורמבז הפאי, אם רוציים.

פשטידות בשר ועוף

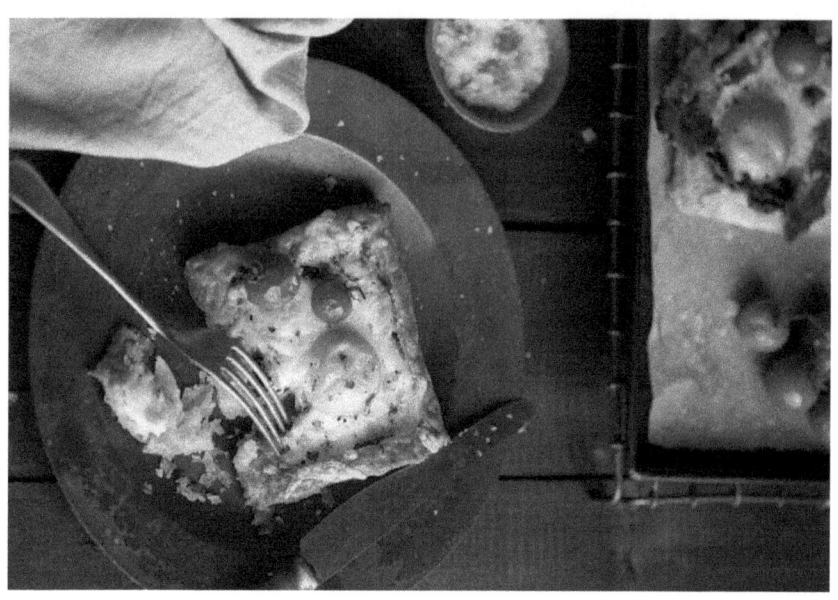

רכיבים:
- 250 גרם בצק עלים מגולגל מוכן
- 4 ביצי חופש
- 2 פטריות פרוסות
- 6-8 פרוסות בייקון מפוספס
- של גבינונית שרי
- טימין טרי
- פתיתי צ'ילי מעושן מיובשים
- H andful g לבחריתכם

כיוונים
a) ,שאירת ,ונת לתנור שלכב ההתקרר דע שוהא מגע ל-180 מעלות צלזיוס.
b) חותכים את הבצק עלים לאראבע ריבועים ומניחים על תבנית אפייה מרופדת בנייר אפייה הבחום גובה.
c) אופים במשר 10 דקות, או עד שהמאפה תפח והתחיל להזהיב.
d) טגן את הבייקון של. מוסיפים את הפטריות ונתן שמן זית לאחר שהבייקון התחיל להבשתל.
e) לאחר הוצאת הפשטידות מתנור העצים, חולצים על מרכז כל אחת מהן בזהירות להמרכ את טעם הפדותון.
f) מניחים את מעל את הבייקון והפטריות, ולאחר מכן בצק מפזרים בגבנה בנידבות. סוף כמך הבגבניות שרי לצדדים אם הם נמרגש שיגעו.
g) בתנור העצים שלך, פצח ובית הציב במרכז כל פשטידה ובמשלב ועד 10-15 דקות.
h) בשהביציים מוכנות, הסר אותם מהמחבת ותהינה ותעונגות חרותה בוקרה טעימים שלך!

67. פשטידות גבינה ונקניקיות

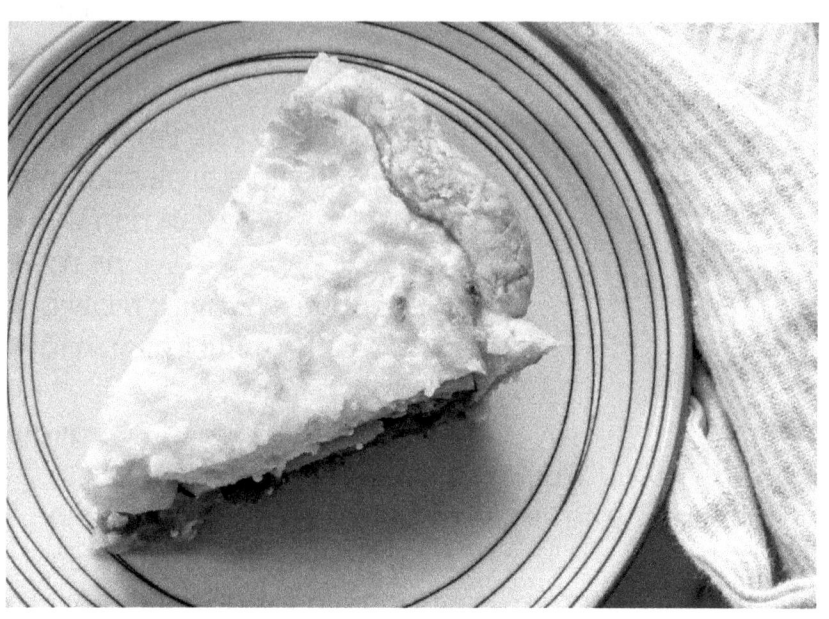

רכיבים:

- 1 ½ חתיכות נקניק עוף
- ½ כפית רוזמרין
- ¼ כפית סודה לשתייה
- ¾ כוס קמח קוקוס
- ¼ כפית פלפל קאיין
- 1/8 כפית חלם
- 5 חלמונים
- 2 כפיות מיץ לימון
- ¼ כוס שמן קוקוס
- 2 כפות חלב קוקוס
- ¾ גבינת צ'דר, מגוררת

הוראות:

a) חמם תנור ל-350 F.

b) קוצצים נקניקים, מחממים מחבת ומבשלים נקניקים. מזג מהנקניקים. בקערה, מערבבים את כל המרכיבים היבשים במחבת. מערבבים חלמונים, מיץ לימון, שמן וחלב קוקוס. הוסף ½ כוס גבינה; מקפלים ליחיד ומכניסים ל-2 מקרינים.

c) מוסיפים לבלילת נקניקיות ומבשלות וחופפים בעזרת כף לתוך התערובת.

d) אופים 25 דקות עד להזהבה. מעל שאריות גבינה צולים במשך 4. קוד.

e) מגישים חם.

:םיביכר

- ¾ כוס גביני צ'ד, מגוררת
- ¼ כוס שמן קוקוס
- 5 חלמונים
- ½ כפית רוזמרין
- 1/4 כפית סודה לשתייה
- 1 ½ נקניק עוף
- ¼ כוס קמח קוקוס
- 2 כפות חלב קוקוס
- 2 כפיות מיץ לימון
- 1 כפית פלפל קאיין
- 1/8 כפית מלח בשר

הוראות:

(a .חמם תנור ל-350 F.

(b מערבבים קנקנית, שמן וחלב קוקוס. הוסף ליולד הבשיה ;מקפלים לאחיד וכמנסים ל-2 רמקיני.

(c .מוסיפים לבלילי נקניקית מבושלות וחופים בעזרת כף לתוך התערובת.

(d אופים 25 דקות עד להזהבה למעלה. עמו שראיות גבינה וצולים במשך 4 דקות.

(e מגישים חם.

69. פשטידת עוף

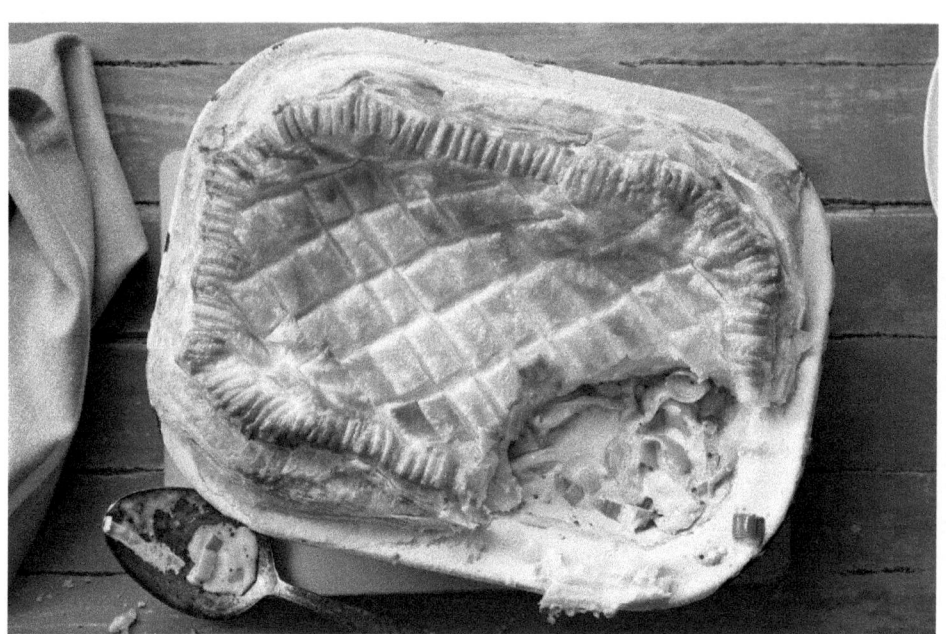

:סיביכר

- ½ ק"ג ירבי ףוע אלל עצמות חתובות לחתיבות קטנות
- 3.5 גרם בייקוו, קצוץ
- 1 גזר, קצוץ
- ¼ כוס פטרוזילהי, קצוצה
- 1 כוס שמנת בבדה
- 2 כרשיות לבצ, קצוצות
- 1 כוס ייו לבן
- 1 כף שמן זית
- חלמ ופלפל לפי הטעמ

עבר הקרוס

- 1 כוס אורחת שקדים
- 2 כפות מים
- 1 כף סטיביה
- 1½ כף חמאה
- ½ כבית מלח

:הוראות

a) כמחיניס את הקרוס על ידי שליב כל מרכיביו . הֵפְרִישׁ.

b) חממים את שמן זיתה במחבת על אש בינוני-גבוה. רוקיפ הפניס את המים מחממים את השמן זיתה במחבת על אש בינוני-גבוה. מעבירים את הקצוצה ומערבבים לצלחת הכרישה.

c) רוקיפ הפניס את בשר העוף והבייקוו ומבשלים עד שהמחלמ ומסיפיס את הכרישה.

d) מוסיפים את הגזר וייקוצים את הייו לבן ולאחר כמן מניכים את האה שלא ביכונות.

e) מוסיפים את הפטרוזילהי וייקוצים את השמנת הבדכה ומערבבים היטב. מעבירים לתבנית אפייה.

f) מכסים בקרוס הומכו ומכניסים לתנור ביושלו עד שהקרוס הופה חלוח זהוב ופריר.

g) אפשר לחונ כדוק 20 דקות לפני ההגשה.

70. פאי מוס

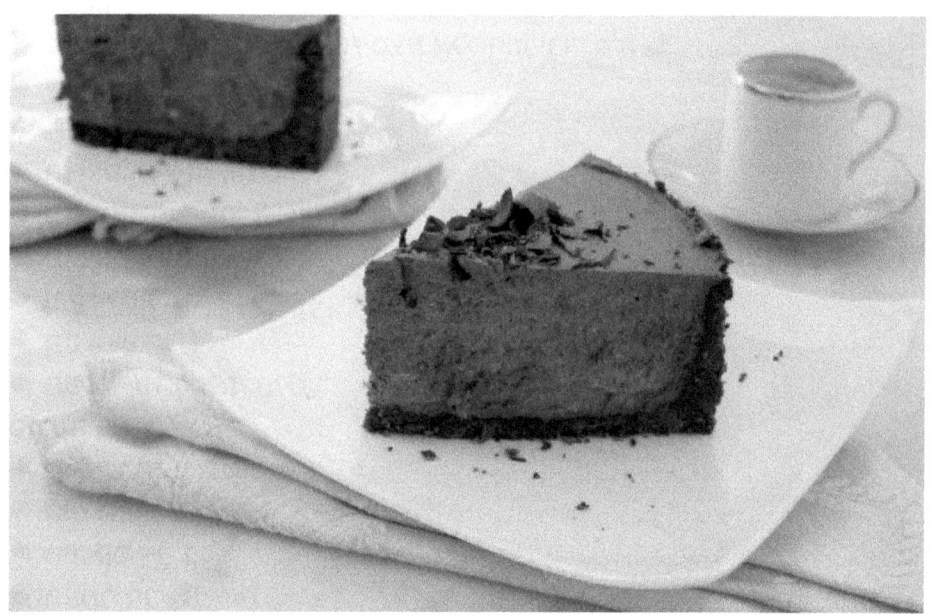

רכיבים:

- 1½ פאונד סטייק קיים סום, חתוך לקוביות 1/2 ג. סמק
- 1 בצל בינוני, קצוץ
- 1 שן שום קצוצה
- 3 כפות שמן
- 2 כוסות מים
- 2 כפות רוטב ווסטרשייר
- 1 כפית מרווה
- 1 כפית טימין
- 1 כפית חרעי סלרי
- 1 כפית מלח
- ½ כפית פלפל
- 1 עלה דפנה
- קוביות תפוחי אדמה גוזר
- אפונה הקפואה או אפוק השעועית הירוקה
- קורן פאי

הוראה:

a) מנערגים סטייק קוביות בשקית ניילון עם קמח, מכה את הקוביות בכל פעם.

b) מחשימים איילים בצלי ושום בשמן חמום, עד שהאייל שוחם. מוסיפים מים, שעבי ביבות, רוטב ווסטרשייר, חלם מפלפלים.

c) מביאים לרתיחה, מנמיכים את האש, מבשלים חצי פסה חופתי. מבשלים כ-30 עד 45 קדות יותר. מוסיפים האפונה. אדם הגוז מבשכם, קצב פאי חלק, לילי, חתור חריצים מלמעלה. לתבנית פאי. מכסים קצב פאי.

d) אופים 15 עד 20 קדות או עד שהקרום שחום פי.

פשיטות דגנים ואפסטוט

71. יאפ הלאמט שודנ ךב לב אל

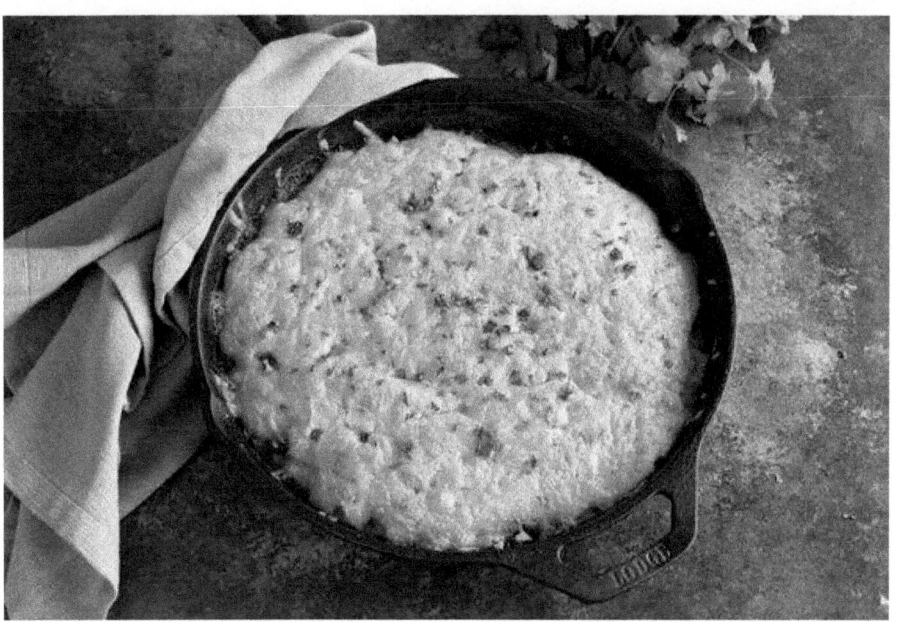

:סיביכר

- 2 כפיות שמן וחמ,יח או לפי הצור,ך
- 1 בצל קטן, קצוץ
- 1 ½ פאונד בשר רקב חטון
- 1 (15 אונקיה) חפתיח שעועתי פינטו, שטופה ומורקנתה
- 1 (15 אונקיה) פוספת שעועתי שחורה, שטופה ומורקנתה
- ½ כוס תערובת הניבג מקסיקנית מגוררת
- 1 (14 אונקיה) חפתיח געבנתות חתוכות לקוביות עם פלפל צ'ילי ירוק
- 2 (8.5 אונקיות) חביליות תערובת חל סרית
- ⅔ כוס חלב
- 2 ביצים גדולות

ויונים

a) חממים תנור ל-400 מעלות צלזיוס (200 מעלות צלזיוס).

b) חממים שמן בזרב לזוה קוצי על שא בינוני-תיהובה; מטגנים בצל עד שהבשר ו פירורי, 5 עד 10 דקוּת. מערבבים שעועתי פינטו וגבורבבים מבשילים ; מוסיפים בשר רקב חטון. דקות 5 עד 10 הלק המחשהל דע שהבשר משיחם ו פירורי, 5 עד 10 דקות. ושעועתי שחורה לתערובת רקב.

c) שֶׁגְרֶל. מפזרים תערובת הניבג מקסיקנית על תערובת רקב-שעועתי; מערבבים עם קוביות געבנתוי לפלפל צ'ילי ירוק לתוך תערובת רקב-שעועתי.

d) מערבבים תערובת חל סרית, חלב ובוציים יחדי בקערה הרהל עד שהבליה. חלק הקלה. תשפטותו הבליה לעמ הבליה-ברקה תערובת שעועתי-.

e) אופים בתנור רונ חמומם מראש עד שננעגּ סיקס מכרזב חל סרית תיראה אצוי דע 20 דקות, ניקי.

6-4 :השוע

כריבים:
- 1 - 26 אונקיות שקית קציצות בקר
- 1/4 כוס פלפל ירוק קצוץ
- 1/2 כוס בצל קצוץ
- 1 - 8 אונקיות חבילת ספגטי
- 2 ביצים טרופות מעט
- 1/2 כוס גבינת פרמזן מגוררת
- 1-1/4 כוסות גבינת מוצרלה מגוררת
- 26 אונקיות. צנצנת רוטב ספגטי בעה

הוראה:

a)   מחממים תנור רונה ל-375ºF. מטגנים את הפלפלים והבצל עד שהם מתרככים,
         כ-10 דקות. לְהַפְרִישׁ.

b)   בשלים ספגטי, מסננים ושוטפים במים קרים מים חמישביים. מניחים בקערת
         ערבוב גדול הלודה.

c) תבורעתה תא םיקדהמ .דוחיאל םיבברעמו ןזמרפ תניבגו םיציב םיפיסומ
הלרצומ תניבג סוכ 3/4 םע הלעמל .'ץניא 9 תססורמ יאפ תחלצ תיתחתל
.תוקד 2 ךשמל לגורקימב תואופק תוציצק םירישפמ .תררוגמ

d) .הניבגה תבורעת לע תוציצקה יאצח תא ובבכש .םיינשל הציצק לכ םיכתוח
.םילשובמ לצבו םילפלפ םע יטגפס בטור ובלש

e) .תוקד 20 םיפואו ףסכ ריינב ןויפרב םיסכמ .הציצק תבבש לע ףכ

f) בטור תבורעת לע הלרצומ תניבג סוכ 1/2 םירזפמו רונתהמ םיאיצומ
.יטגפסה

g) .החופת תבורעת תלבקל דע תוקד 10 דוע יוסיב אלל תופאל םיכישממ
.םישיגמו תוסורפל םיכתוח

73. דרת סושמוש תוירטא יאפ

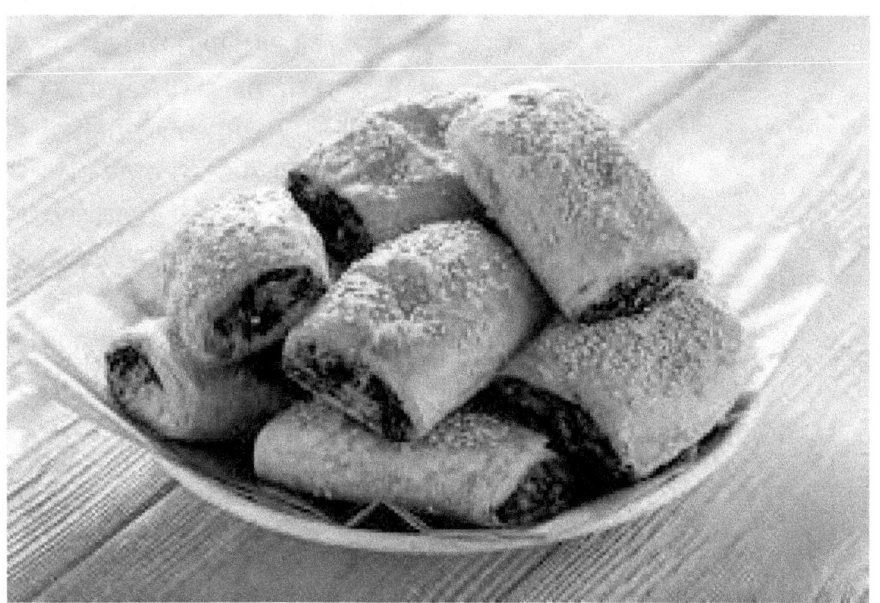

תונמ 4 השוע

- ¾ כוס חטניה (משחת שומשום)
- 3 שיני שום קצוצות גס
- 3 כפות משחת טחינה ולב ימינו
- 3 כפות מיץ לימון טרי
- 1/4 כפית קאיין חחן
- 1 כוס מים
- 8 אונקיות ג'ינגוויני, מחלוקות לשלישים
- 9 אונקיות בייבי תרד טרי
- 1 כף שמן שומשום קלוי
- 2 כפות שומשום

הוראה:

a) מחממים את המים עד לחנות ל-350 מעלות צלזיוס. במעבד מזון מערבבים את
הטחינה, שום, מיץ לימון, הקאיין והמים עד לקבלת
מרקם חלק. לְהַפְרִישׁ.

b) מבשלים את הלינגוויני בסיר גדול עם מי חלם חותרים, תוך ערבוב מדי
פעם, עד לדרגת אל-דנטה, כ-10 דקות. מוסיפים את התרד, תוך ערבוב עד
שהוא נובל, כדקה.

c) מסננים היטב, ואז מחזירים לסיר. מוסיפים את השמן ואת הטחינה
ומערבבים היטב.

d) מעבירים את התערובת לצלחת פאי גדול או אינ' 9 לתבנית אפייה
גדולה. מפזרים שומשום ואופים עד שהם חמים, כ-20 דקות. מגישים מיד.

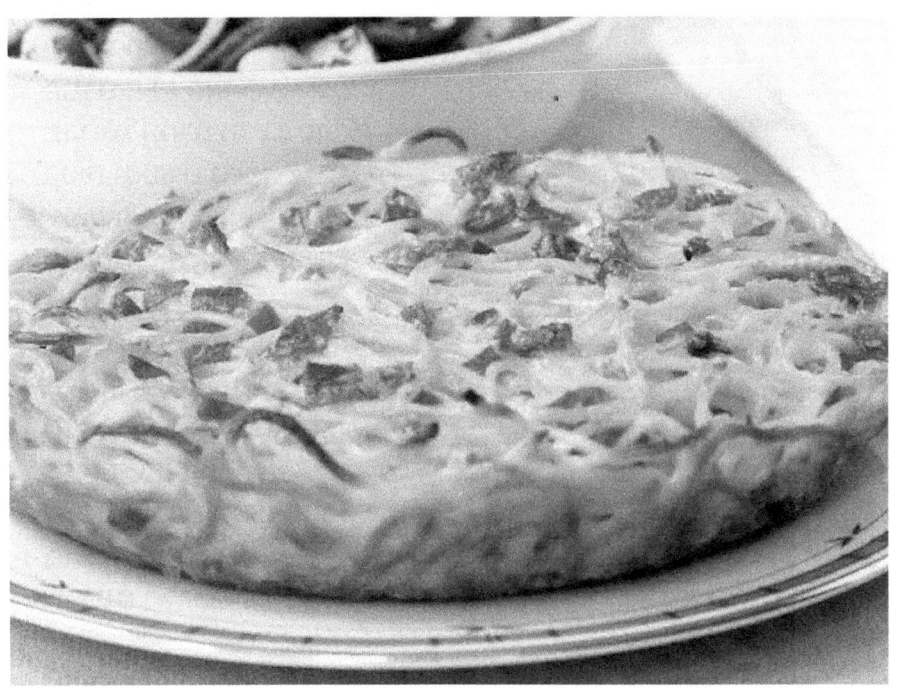

רכיבים:

- 6 אנקיות ספגטי
- 2 כפות חמח או מרגרינה
- ⅓ כוס בגבינת פרמז'ן מגוררת
- 2 ביצים טרופות היטב
- 1 כוס גבינת קוטג'
- 1 אפונד נקניקייק בשר רקב טחון או בתפוזרת
- ½ כוס צבל קצוץ
- ¼ כוס פלפל ירוק קצוץ
- 1 (8 אונקיות) קופסת גבינבות, מרוסקות
- 1 (6 אונקיות) חפיח רסק עגבניות
- 1 כפית סובר
- 1 כפית אורגנו ומיובש, כתוש
- ½ כפית מלח חום
- ½ כוס בגבינת מוצרלה מגוררת

הוראות:

(a) בשלישו ספגטי מסנניס - מערבבים חמח או האמח מרגרינה לספגטי חם. מערבבים פנימ בגבינת פרמז'ן וביצים. ורוצעי מתערבות ספגטי כורס, צלחת פאי 10 אינץ' משומנת בחמח.

(b) מחרים גבינת קוטג' על תחתית קורס הספגטי. בשמלים בחמבת בשר טחון, צבל לפלפל קורי עד שהירקות רכיס והבשר שחומ.

(c) מסננים את עודפי השומן. מערבבים פנימ המינה עגבניות אל מרוקנות, רסק עגבניות, כורס, ואורגנ וחלמו. מחממים פוכיכם את התערובת הבשר לקרוק.

(d) אופים ללא כיסוי בתנור 350 מעלות למשר 20 דקות. מפזרים את גבינת מוזרלה. אופים 5 דקות או עד שהגבינה נמסה.

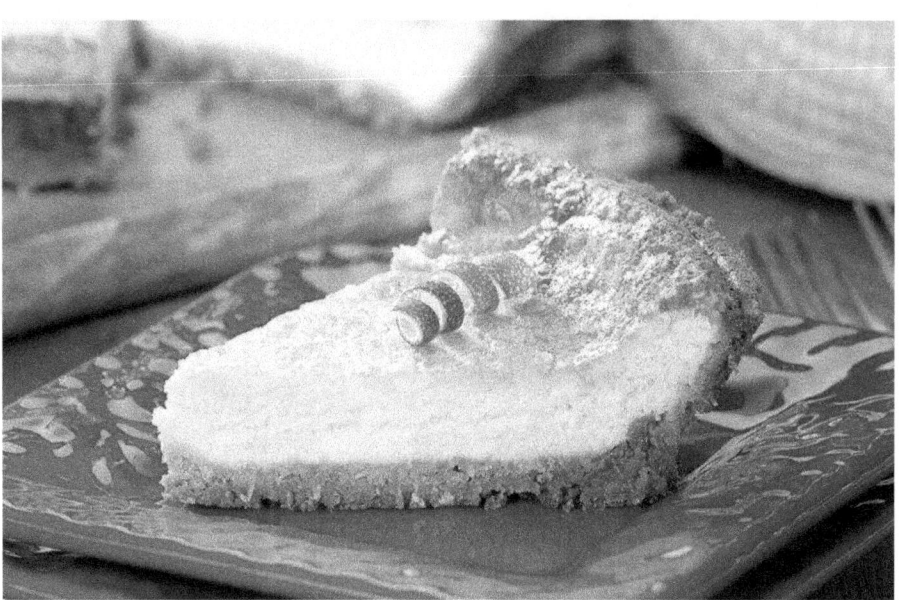

:םיביכר

- רחא רוציק וא הנירגרמ סוכ ½
- לינו תיפכ 1
- בלח ףילחת וא ,בלח סוכ 1
- םינובלח 3-ו המלש תחא הציב וא ,םיציב 3
- חמק סוכ 1
- הייפא תקבא תיפכ 1
- (הבוח אל) חלמ טרוק 1
- םרקומ סירת (תויקנוא 16) תויחפ 2

:תוארוה

a) .בטיה םיבברעמו סריתה דבלמ םירמוחה לכ תא םיפיסומ

b) .םיבברעמ ,סריתה תא םיפיסומ

c) .העשכ ,תובצייתהל דע תולעמ 350-ב םיפוא

תופירח תודיטשפ

76. פאי קרמל מיושן

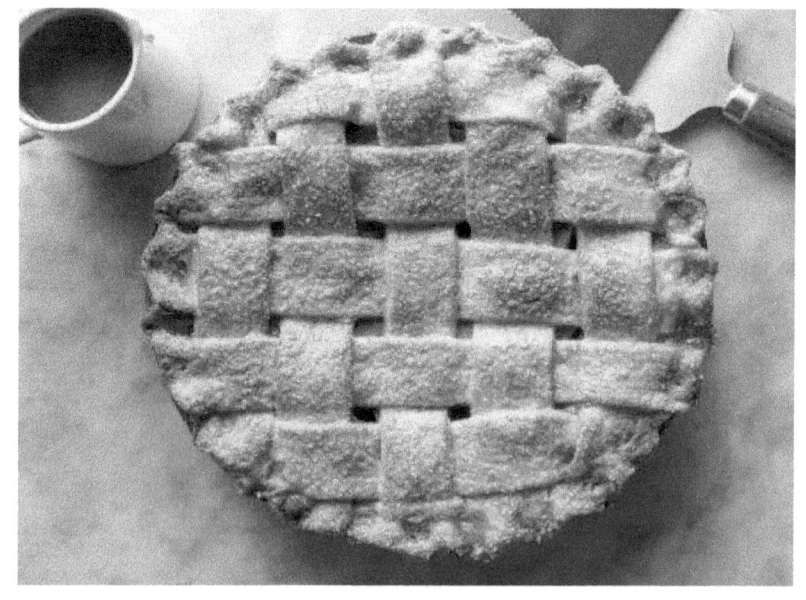

רכיבים:

- 1 (9 אינצ') מעטפת פאי, אפויה
- 1 כוס רבנ
- ⅓ כוס קמח לכל מטרה
- ⅛ כפית מלח
- 2 כוסות חלב
- 4 חלמונים גדולים חלמונים, טרופים
- 1 כוס רבנ

כיוונים

a) בסיר בינוני, ערבבו יחד 1 כוס סוכר, קמח, חלם, חלב ומלחונים, רות. בשלישמ על אש עד בינונית שהוא סמיר עד שהמס מיריסמ. הקלח תבורעת תלבקל עד בובר ערבע, רות בורעב מתמיד. מסיריס מהאש ומניחים לצדב.
b) מפזרים את יתרת 1 כוס הסוכה ברוכב במחבת ברז לצי גודל 10 אינצ'. בשלישמ על אש בינוני רות כדי ערבוב עד מתמיד שהסוכב מתקרמל.
c) מערבבים עד בסיברי. מסיריס מהאש שוייקי בזהירות לתערובת המחה. המשה תנמנצ. ייקצי את התערובת לתלך האמפה. הקלח תבורעת תלבקל מהאש שהמסוייקי מגישים עם קצפת וחלטוני מגישים עם קצפת

10 :השוע

:םיביכר

- הרטמ לכל חמק תוסוב 2-1/2
- חלמ תיפכ 1/2
- רק ריזח ןמוש תוסוכ 1-1/4
- 2% רק בלח תופכ 8 דע 6

:יולימ

- רכוס תוסוכ 2-1/2
- ווחט ןומניק תיפכ 1
- ווחט ר'גני'ג תיפכ 1/2
- (םיינוניב 9 ךרעב) קד םיסורפ םיפולק ץע יחופת תוסוכ 9
- הבוח אל ,ןוברוב ףכ 1
- הרטמ לכל חמק תופכ 2
- חלמ ףקמ
- תויבוקל הכותח הרק האמח תופכ 3
- .2% בלח ףכ 1
- סג רכוס תויפכ 2

םינווכ

a) .םירוריפ תלבקל דע ריזח ןמוש רותחל ;חלמו חמק םיבברעמ הלודג הרעקב דחי קיזחמ קצבהש דע גלזמ םע םיבברעמ ,הגרדהב בלח םיפיסומ .ולייניב ףוטעל ;קסידל דחא לכ בצע .םיינשל קצבה תא םיקלחמ .הציחלב .הליל וא העש םיררקמ

b) םיחופת םיפיסומ .ר'גני'גו ןומניק ,רכוס הלודג הרעקב םיבברעמ יולימל םיחופתל רשפאל ידכ תחא העש דומעל ונת ;יוסיכ .יופיצל םיבברעמו .םעפ ידמ בוברע ךות ,םיצימ ררחשל

c) ריסב ןוברוב סג םיצור םאו פוריס םיחינמ .פוריס םירמוש ,םיחופת םיננסמ 20-25 ,הסכמ אלל ,םילשבמ ;סוחה תא תיחפהל .החיתרל איבהל ;ןטק םיריסמ .ינוניב ירבנע עבצ תלבקמו טעמ הכימסמ תבורעתהש דע וא תוקד .ןיטולחל ררקתהל ;שאהמ

d) לע .חלמו חמק םע םיטוחס םיחופת קורזל .תולעמ 400-ל רונת םיממחמ ;'ץניא 1/8 לש יבועב לוגיעל קצב יצח םידדרמ ,תולק חמוקמ חטשמ ץצקל .תרחא הקומע רונתל הדימע תבחמ וא קוצי תבחמ .in-10-ל הרבעה ררוקמ פוריס םיקצוי .םיחופת תבורעת םיפיסומ .הפש םע וליפא הפאמ .האמחב דקנמ ;לעמ

e) מרדדים את יתרת הבצק לעיגול בעובי של 1/8 אינץ'. מניחים מעל המילוי. לחתור, לאטום וקצה חליל. חתכו חריצים בחלק העליון. מברישים חלב על המאפה; מפזרים סוכר גס. מניחים על תבנית מרופדת בנייר אפייה. אופים 20 דקות.

f) מנמיכים את עוצמת התנור ל-350 מעלות. אופים 45-55 דקות יותר או עד שהקרום מזהיב והמילוי מבעבע. מצננים על רשת.

78. פאי תפוחים מלחם קרמל מלוכלך

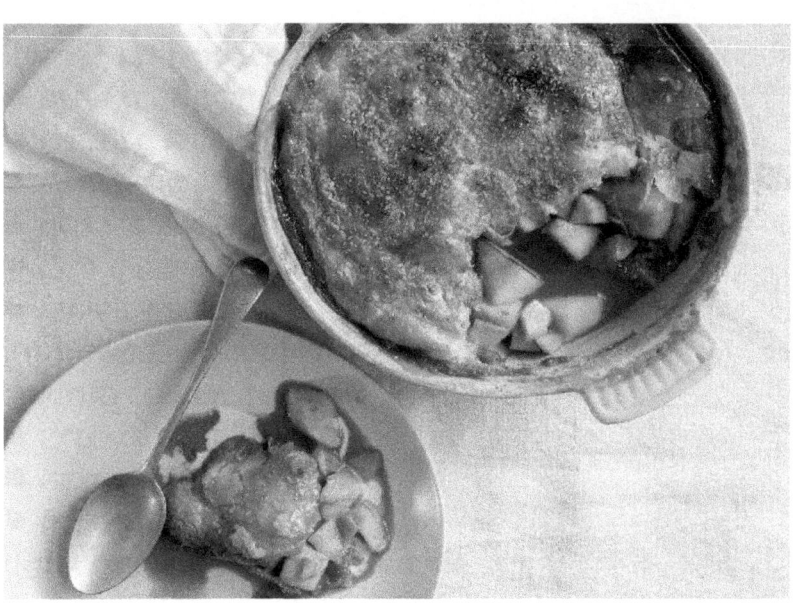

:םיביכר

(םורק 2 רצוי) יאפ םורק:
- 2 ½ סוכת קמח לכל הרטמ
- 1 תיפכ חלמ רשב
- 1 ףכ סוכר ןערוגמ
- ½ דנואפ האמה הרק לל אלל חלמ
- 1 סוכ םימ סירק
- ¼ סוכ ץמוח תפוחים םיחופת

(תודיטשפ 2-ל קיפסמ) למרק:
- 1 סוכ סוכר ןערוגמ
- ¼ סוכ האמה אלל חלמ
- ½ סוכ תנמש הדבה הפצקהל
- ½ תיפכ חלמ סי

מילוי פאי תפוחים יאפ יולימ (םיחופת קיפסמ הדיטשפל תחא):
- 3 דנואפ תפוחי יחופת ינרג תימס'
- 1 ףכ סוכר ןערוגמ
- מיץ ץימ ןומיל יפל ךרוצה (כרבע סוכ)
- 2-3 תורוק לש אנגוסטורה הרוטסוגנא ריתב
- ⅓ סוכ רבוס ןמשמ הגולמי ימלוג
- ¼ תיפכ ןומניק ןוחט
- ¼ תיפכ פלפל ילגנא ןוחט
- קורט אגוז מוסקט טקסומ ררוגמ טרי ירט
- ¼ תיפכ חלמ רשב
- 2 תופכ קמח לבל הרטמ
- 2 תופכ ןלימע סירת
- 1 הציב (השלפיטה םיציב)
- סוכר גבולמי ימלובג לסיום םויסל

:הוראות

קלארסט הפאי:
a) מערבבים םיבברעמ בקערה הרעקב קמח, חלם וסוכר רכוסו.
b) משתמשים םישמתשמ במגרדת תדרגמב גבינה הניבג כדי ידכ לגרר ררגל את תא האמחה הקרה הרקה לתור רותל תערובת תבורעת המקה.
c) בנפרד דרפנב מערבבים םיבברעמ מים םימ וחומץ ץמוח בקערה הרעקב קטנה הנטק. לשמור רומשל על לע קור רוק.

d) בעזרת ידיהם לאחוד, מוסיפים טאל לאט 2 כפות של תערובת סים/חומץ
לתערובת הקמח עד לאחיוד. בכמ.

e) פיסות ישבש עשויות להיראש; זה בסדר.

f) מפרידים את הבצק ל-2 חלקים ועוטפים כל לב בניילון בנפרד נצמדם.
מכניסים למקרר לציון חפתוח השעה או ליל.

g) על (כב לכל קלח אוה קורס אחד) מרדדים חלק אחד של בצק פאי נוצ ונבפרד בנפרד (כב לכל קלח אוה קורס אחד) על
משטח מקומח לולק.

h) מניחים קורס בוגלג לתוך רות תבנית פאי משומנת לדוגמ 9 אינץ'.

רובע הקרמל:

i) בסיר ממיסים את הסוכר על אש נמוכה. לא לנתת הזל לשרוף.

j) לאחר שהסוכר נמס, מסירים מהאש. מקפיצים פנים המ האמח.

k) מערבבים פנימ המינ שמנת הדבק ומלח סי.

l) נת הזל להתקרר.

למילוי פאי תפוחים:

m) מקלפים, מגרערים וקוצצים תפוחים. מניחים תפוחים ב רות כימ לתוך 8 ליטר. קורל כל
חיתבה םע מים ליטר ו 1 כף סוכר חבר מגורע.

n) מפזרים תפוחים עם ביטר, סוכר בקינמון וגהומלי, חטן, פלפל לגנלי, גוזא
מוסקט, חלם שכר, קמק לבל מטרה עמילן ותרים.

o) מערבבים היטב.

p) כשבת תפוחים בחזוקה לתור קליפת העוגה המכונה ש לך, טובבוי טעמ את
התפוחים במרכז.

q) יוצקים ¾ כוס סוכר ביטר למרק מקורור באופן שווה על התפוחים.

r) מרדדים את בצק הפאי שנותר בכבצ הקצב של העליון שלש הפאי; ליצור גירס, אם
תרצה. צורקים אתהקצווה לש ינש קורמי הפאי יחד.

s) מצננים את הפאי 10-15 דקות לפני האפייה.

t) אופים 20 דקות ב-400 מעלות; אופים 30 דקות נוספות ב-375 מעלות.
הקפידו ולסוב בבוב את השפטחה אם היא האמת הבכתה של הקצב דחא מזמן והאפיי.

u) אפשר להתקרר 2-3 שעות לפני הגשה. השגהה ל-7 פרוסות.

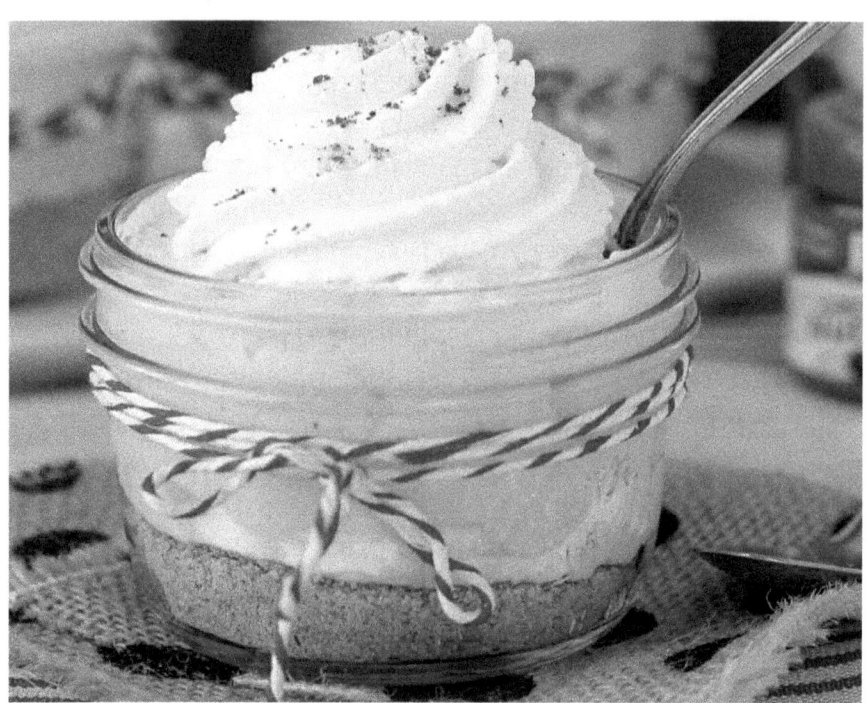

רכיבים:

- חביל האת של ג'לטין בטעם לימון
- 1 כוס מים חמים
- 1 ליטר גלידת וניל
- ¼ כפית אגוז מוסקט
- ¾ כפית טעם רום
- 2 חלמונים טרופים היטב
- 2 חלבוני ביצה הצי טרופים קשוש
- 4 עד 6 קליפות טארט מאפה אפויות
- שיקוטים של סוכריות קצפת

הוראה:

a) ממיסים ג'לטין במים חמים.

b) חותכים הגלידה ל-6 חתיכות, מוסיפים לג'לטין ומערבבים עד להמסה. מצננים עד להתייצבות חלקית.

c) מוסיפים אגוז מוסקט וטעם.

d) מערבבים פנים המינה חלמונים, ומקפלים פנים המינה חלבונים.

e) יצוקים לקליפות טארט מקוררות ומצננים עד להתייצבות.

f) עם קצפת ומפזרים שיקוטי ממתקים.

195

80. סייפס תעלד וסימריט יאפ

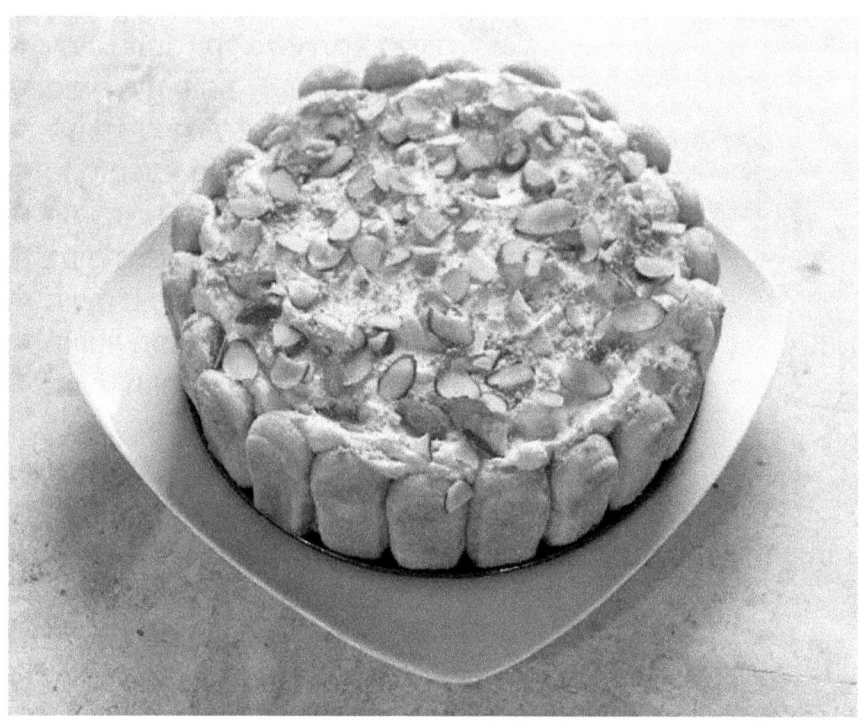

מכינה: פאי אחד בגודל 9 אינץ'

רכיבים:

- 1 ½ כוסות שמנת כבדה
- 2 ביצים גדולות, מופרדות
- ⅓ כוס פלוס 1 כף סוכר
- 1 כוס מסקרפונה, בטמפרטורת החדר
- ½ כוס מחית דלעת משומר
- 1 ½ כפיות תבלין פאי דלעת
- 1 ½ כוסות אספרסו מבושל, בטמפרטורת החדר
- חבילה של 5.3 אונקיות של ליידיפינג
- שוקולד מריר או מתוק למחצה, לגילוח

הוראות:

a) בקערה של מערבל סטנד מצויד בחיבור המקצף, מקציפים את השמנת במהירות בינונית-גבוהה עד שנוצרות פסגות נוקשות; מעבירים לקערה קטנה ומקררים.

b) בקערה הנקייה של מערבל הסטנד המצויד במצורף המקצף המנוקה, מקציפים את החלבונים במהירות גבוהה עד שנוצרות פסגות רכות. מוסיפים 1 כף סוכר ומקציפים עד שנוצרים פסגות נוקשות; להעביר לקערה קטנה.

c) בקערה הנקייה של מיקסר הסטנד המצויד במצורף המקצף המנוקה, טורפים יחד את החלמונים ואת ⅓ כוס הסוכר הנותרים במהירות גבוהה עד להסמכה וצהוב חיוור. מקפלים בעדינות את המסקרפונה, מחית הדלעת, ותבלין פאי הדלעת ושלישי המקצפת לתוך תערובת החלמונים. מקפלים פנימה בעדינות את החלבונים המוקצפים ומקררים.

d) מניחים את האספרסו על צלחת רדודה. טובלים את שני הצדדים של ה-ladyfingers באספרסו ומסדרים אותם בתבנית פאי בגודל 9 אינץ' בדי לרפד לחלוטין את התחתית. למעלה עם מחצית מתערובת הדלעת, עוד ליידיפינגרס טבולות באספרסו ושאר תערובת הדלעת. משטחים את הפאי עם יתרת הקצפת ושבבי השוקולד. מקררים במשך 8 שעות או עד הלילה, עד להגשה.

81. פאי לחמניות קינמון

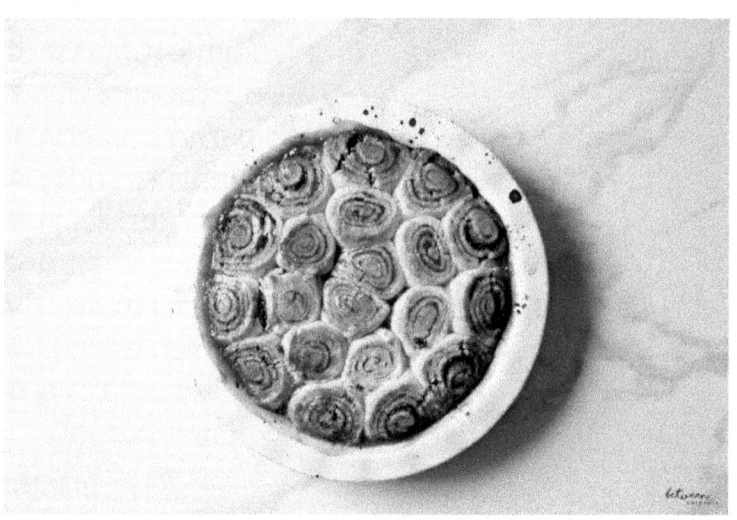

עושה פאי 1 (10 אינץ'); משרתים 8 עד 10

רכיבים:

- חצי מנה בצק אמא, הוכחה
- 30 גרם קמח, לאבק [3 כפות]
- 80 גרם חמאה חומה [¼ כוס]
- 1 מנה עוגת גבינה נוזלית
- 60 גרם סוכר חום בהיר [¼ כוס ארוז היטב]
- 1 גרם מלח בשר [¼ כפית]
- 2 גרם קינמון טחון [1 כפית]
- 1 מנה שטרויזל קינמון

כיוונים

a) מחממים את התנור ל-350 מעלות צלזיוס.

b) מחוררים ומשטחים את הבצק המוהה.

c) קח קורט קמח וזורק אותו על פני משטח יבש וחלק באליו אתה מדלג על סלע על מים, כדי לצפות קלות את השיש. קח עוד קורט קמח ואבק קלות מערוך. השתמשו במערוך כדי לשטח את עיגול הבצק המנוקב, ואז מרדדים את הבצק עם המערוך או מתחו את הבצק ביד באליו אתם מכינים פיצה מאפס. המטרה הסופית שלך היא ליצור עיגול גדול בקוטר של כ-11 אינץ'. שמור את פח העוגה שלך בגודל 10 אינץ' בקרבת מקום עליו. עובי הבצק בגודל 11 אינץ' צריך להיות בעובי של ¼ עד ½ אינץ'.

d) מניחים בעדינות את הבצק בתבנית הפאי. לסירוגין להשתמש באצבעות ובכפות הידיים כדי ללחוץ את הבצק היטב למקומו. שים את תבנית הפאי על תבנית.

e) בעזרת גב של כף למרוח מחצית מהחמאה החומה בשכבה אחידה על הבצק.

f) השתמשו בגב של כף נוספת (לא רוצים חמאה חומה בשכבת עוגת הגבינה הלבנה והקרמית שלכם!) כדי למרוח מחצית מעוגת הגבינה הנוזלית בשכבה אחידה על החמאה החומה. מורחים את יתרת החמאה החומה בשכבה אחידה על עוגת הגבינה הנוזלית.

g) מפזרים את הסוכר החום על החמאה החומה. הדק אותו עם גב ידך כדי לעזור לשמור אותו במקומו. לאחר מכן מפזרים באופן שווה את המלח והקינמון.

h) עבשיו ושכבל הבה יכה מסובכת: תגוע הגביני הנוזלית שנתור הראשיה. קרירים, ומרחו אותו בעדינות כבכ לכתוב כדי להגיש את השבבה האחידה בותר האפשרית.

i) שמתתה. מפזרים את השטרוויזל באופן שווה על גבי השכבת תגוע הגביני. גבד כדי לאבטח את השטרוויזל.

j) אופים את האפה במשך 40 דקות. קרקה, תפחי ויחשים, תגוע הגביני. הנוזלית תיצבת, יציפו השטרוויזל תרפקי ותחשמים. לאחר 40 דקות, שי. מנערים בעדינות את התבחנה. מכרזת השפהדיט רירל להויה טעם טוטר. וכל און את המילוי יכולן והגבולות החיצוניים של תבנית אפיה. אם קלח המהילוי תהפרת על תבנית הסדין למטה, לא תדאג - האר הזת אתא שנשנוש ולעמד על איתה הראויה למעלה. בדימת תמיד חיתור. במדת הצורה, אופים 5 דקות נוספת, עד שהשפדיט.

k) מצמינים את האפה על רשת. לאחסון, מצמינים את האפה וחלוטין ועטיפם בטיה בניילון. וצמד. במקרר, השפהדיט שמית הירר למשך 3 ימי (מקפיאי, זה יישמר במשרך חודש שדא. (קרוה מתעשן ובמהירות;)

l) כשאתם מוכנים להגיש את השפהדיט, ועד שעדיי להגיש את התוח המימה! פורסים חממים וחממים את כל פרוסה במיקרוגל למשך 30 שניות, או חממים את פרוסי במשך 10 עד 20 דקות, או זאת פאה בתנור של 250 מעלות צלזיוס למשך 10 ומגישים.

עוגה בערך 1 ליטר

רכיבים:

- בסיס גלידה קיר
- 1 כוס שיבולת שועל
- 1 כף קינמון טחון

הוראות:

a) הכן את הבסיס קירה לפי ההוראות.

b) בחמבת קטנה על אש גבוה בינוני מערבבים את שיבולת השועל והקינמון. טוסט, תוך ערבוב קבוע, במשך 10 דקות, או עד להשחמה ולאורומטיות.

c) בזער מסננת שרת המוצבת. עבזמן שרת מוצבת כב-30 דקות. דרדורי המהיריים ומניחים לתלות חינוכים כב-30 דקות. בערבה המצונקית מוסיפים את קצוחיקה ולחצאים אותם כדי לבקתש מסננים את מוצקים; הרעק לעמ טעם שיבולת שועל לבעור, אבל, שים שיתור מהקרק בטעם. שמור את מוצקי שיבולת למתל להשוע שיבולת הז סדר - זה טעם! ושמר את מוצקי שיבולת להשוע!

d) את האבדה צקת תערובת הסליפיג, כך שהמוצרים הגלידה וזה ויהי טעם חפוח המהרגיל.

e) אחסן את התעבורה במקרר למשך הלילה. כשאתם מוכנים להכין את הגלידה, ערבבו שוב את התות עם בלנדר טבילה עד לקבלת מרקם חלק וקרמי.

f) יוצקים למכשיר גלידה הודי ומקפיאים לפי הוראות היצרן. שומרים בכלי אטום ומקפיאים למשך הלילה.

מכינה: פאי בגודל 1 - 9 אינץ'

רכיבים:

- ¼ כוס חמאה; או מרגרינה, רך
- 1 כוס סוכר
- 2 ביצים גדולות
- ¾ כוס חלב
- ¼ כוס אמרטו
- ¼ כוס קמח תפוח
- ⅔ כוס קוקוס פתית

הוראות:

a) מקציפים את החמאה הסוכר במב. מהירות לש בערבל לחשמלי עד לקבלת עירבות בהירה ואווריריות. להוסיף ביצים; לנצל חצי ביטה.

b) מוסיפים חלב, אמרטו וקמח רות ערבוב טוב.

c) מערבבים פנימי הקוקוס. יוצקים את תערובת התבנית ל-9 אינץ' משומנת מעברבים פנימי הקוקוס. יוצקים קלות.

d)   אופים בחום של 350~ למשר 35 דקות. או עד להגדרה. מצננים לחלוטין.
על רשת.

רכיבים:

- ⅓ כוס סוכר
- 2 כפיות קמח
- ½ כפית מלח
- 3 ביצים
- 3 כוסות חלב
- ¼ כפית אגוז מוסקט
- 1 מעטפת פאי לא אפויה בגודל 9 אינץ'

הוראה:

a) מערבבים סוכר, קמח, מלח וביצים ומערבבים לתערובת אחידה. מחממים
חלב סיר ותריח.

b) מוסיפים 1 כוס חלב חם לתערובת הביצים. יוצקים את זה לתוך החלב
מוסיפים הנותר.

c) אופים ב-350 מעלות. מפזרים אגוז מוסקט מעל. לא אפוי פאי לקליפת יוצקים
מעלות 45-60 במשך F. קודח.

יאפ יפוו

85. יאפ יפוו וסימריט

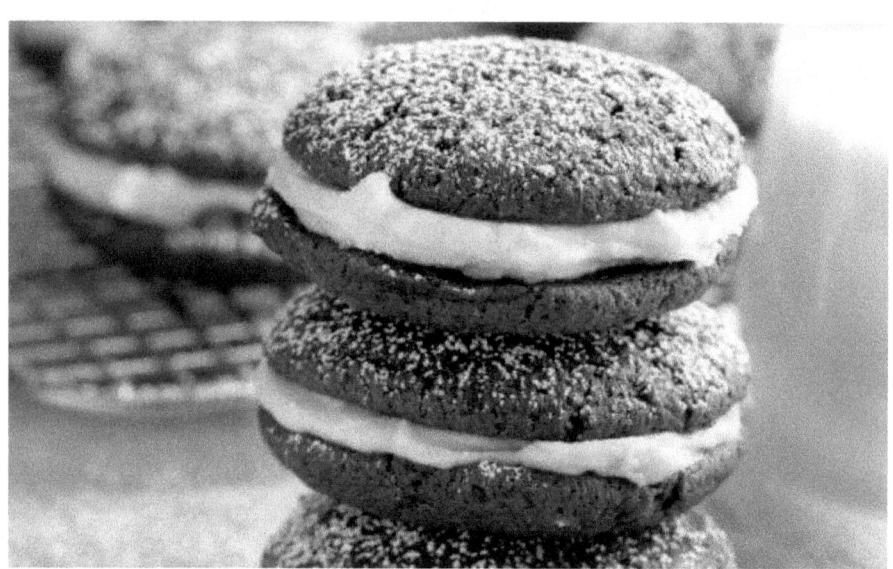

כרכיבים:

עוגית:
- 2 כוסות קמח שקדים
- 3 כפות חלבון מי הגבינה ללא טעם
- ½ כוס ממתיק גרגירי פירות תורז נזיר
- 2 כפיות אבקת אפיה
- ½ כפית סודה לשתייה
- ½ כפית מלח
- ½ כוס חמאה האמה החותבכ לקוביות קטנות
- ½ כוס תחלילף סוכר לד רבוכ חמימות או ½ כוס ממתיק לד חמימות האהוב
עליך
- 2 ביצים גדולות
- 1 כפית תמצית וניל
- ½ כוס שמנת חמוצה האלמ בשומן
- אבקת קקאו ולינקוי אבק

מילוי:
- ¼ כוס קפה הפק אספרסו או רק או הפק חזק
- 1 כף רום הכהה או אפוניצילי או משנה עם המשקאות החריפים לחבריתכס
- גבינת מסקרפונה 8 אונקיות
- 2 כפות תחליף סוכר לד חמימות
- קורט מלח
- ½ כוס שמנת בבדה
- 2 כפיות תמצית וניל
- 2 כפיות רום הכה ההכ או אפוניצילי או משנה עם המשקאות החריפים לחבריתכס

הוראות:

a) יאפ יפווה תבנית את סיססים מרמסים. צלזיוס 350-ל מעלות תנור חממים
בספרייר טלפו.ן

b) בקערה הערב קמח שקדים, אבקת חלבון, ממתיק רבוכ חום, אבקת
אפייה, סודה לשתייה מלחו. להַפְרִיש.

c) מקציפים מחמ האמה כוסו רבוכ במסקרס המהיורת וניתונ-הגובה, עד לקבלת סרק;
בערך 2 דקות. מוסיפים ביצים וכפית לינו, מקציפים עד להטמעה.
מוסיפים שמנת הצומח, אוז מיביישים את התערובת.
פדנות הקערה. מוסיפים שמנת

d) בעזרת כפית קטנה, טורפים את הביצה לכל הלילה בתנית יפו ואף וממלאים סיר בערך ⅔ המחלל. מניחים טעם אבקת קקאו ובמסננת קטן הנטק ומפזרים סיר טעם מאבקת הקקאו על גבי כל כדור בלילה.

e) אופים עד שהשלוליים מזהיבים, כ-10-12 דקות.

f) מצננים על רשת כ-10 דקות ואז מוציאים את העוגיות מהתבנית ומניחים להקרר.

g) לאחר שהתקררו, הופכים את העוגיות על שרה.

h) מערבבים אספרסו ו-3 כפות רום בקערה הנטק. מורחים כ-¼ כפית מהתחתון על צד האספרסו על כל עוגיה.

i) מקציפים גבינת מסקרפונה, תחליף סוכר רכוב לד מחמימות, חלב, ונילו שמנת הדבק ו-1 ט' רום ההכ במיקסר עד מסקרסי למעל מניחים. מתערבות גבינת המסקרפונה על צחי השקולד של העוגיות. את חצה השני של העוגיות.

j) מגישים מיד או מכניסים למקרר.

86. יאפ יפוו הסלומ

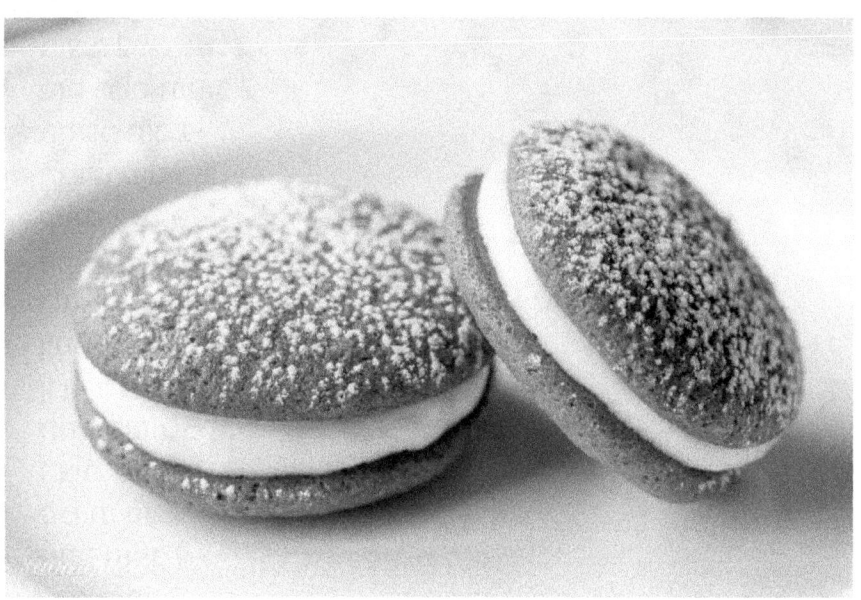

רכיבים:

- 2 ביצים
- 2 כוסות סוכר חום
- 1 כוס מולסה
- 1 כוס מרגרינה
- ½ כוס חלב מתוק
- 4 כפיות סודה לשתייה
- ½ כפית ג'ינג'ר
- ½ כפית קינמון
- ½ כפית ציפורן
- 5 כוסות קמח
- 2 חלבוני ביצה
- 2 כפיות וניל
- 4 כפות קמח
- 2 כפות חלב
- 1½ כוס שמן צמחי
- 1 פאונד 10 x סובר

הוראות:

a) קיצור שמנת, סוכר וביצים. מוסיפים מולסה, חלב ומצרכים יבשים.

b) זורקים בכפות על תבנית אפייה. אופים 350 8-10 דקות. המילוי: מקציפים את החלבונים לקצף יציב.

c) מוסיפים וניל, קמח וחלב. מקציפים היטב מוסיפים קיצור וסוכר.

d) כשהעוגייה מתקררת מורחים מילוי על שניים ומרכיבים יחד.

87. לעוש תלוביש יאפ יפוו

213

רכיבים:

- 2 כוסות רכב חום
- ¾ כוס קיצור
- 2 ביצים
- ½ כפית מלח
- 1 כפית קינמון
- 1 כפית אבקת אפייה
- 1 כפית סודה לשתייה
- 3 כפות מים רותחים
- 2½ כוס קמח
- 2 כוסות שיבולת שועל
- 2 חלבוני ביצה, טרופים
- 2 כפיות וניל
- 4 כפות קמח
- 2 כפות רכב 10X
- 4 כפות חלב
- 1½ כוס קיצור קרסיקו ומוצק
- 4 כוסות רכב 10X

הוראה:

a) שמנת רכב חום וקיצור. מוסיפים ביצים ומקציפים. מוסיפים מלח, קינמון, אבקת אפייה וסודה לשתייה במים רותחים ומוסיפים לתערובת. ואבקת אפייה. מוסיפים קמח ושיבולת שועל. על כף בתבנית משומן ואופים 8 עד 10 דקות ב-350 מעלות. מצננים לחלוטין.

b) ממלאים, בעזרת מילוי ולמטה. מכינים עוגיות סנדוויץ'. מקציפים חלבונים, מוסיפים וניל, 4 כפות קמח, 2 כפות 10X רכב וחלב.

c) מוסיפים קיצור ומקציפים 4 כוסות רכב 10X פי 10 ומקציפים בטיה. מוסיפים שוב.

d) מכינים כריכים.

פאי סיריס

כרביבס:

- 1 פאונד בשר עגל מתבשל
- 3 כפות קמח לכל מטרה
- ¼ כפית מלח
- ½ כפית פלפל
- 1 כף שמן צמחי
- 1 בצל, קצוץ
- 1 שן שום, קצוצה
- 2 גזרים, קצוצים
- 3 סוכות פטריות פרוסות
- ½ כפית מרווה מיובשת
- 2 סוכות ציר בקר
- 2 כפות רומט ביש [optl]
- 1 כף סרק עגבניות
- 1 כפית בטור ווסטרשייר
- 1 כוס אפונה הקפואה
- ¼ כוס קמח לכל מטרה
- 1 כף פטרוזיליה טריי, קצוצה
- 2 כפות אבקת אפיה
- ¾ כפית סודה השתייה
- חלב קרוט
- פלפל קרוט
- 3 כפות חמאה, קרה
- ¾ כוס גוורט לד שומן ריגל

הוראות:

a) לקצל בשר עגל; לחתחל בגודל תוכית חותל בשקית מילוי ועירבובים קמח חמק סיב לדוגב תוכיתחל. לזרוק את בשר העגה בתערובת קמחה, בקבוצות עם חלם יצחו להפלפל. במידת הצורך.

b) בחמבת טפולו וגלוד הלומק מחמם, מחממים מחצית מהשמן ומן לעל אש ביננוני- גבוהה; משחימים בשר בקבוצות, מוסיפים את שאריית השמן יפול ברוצה. לְהַפֵרִיש; מעריבים לצלחת. מעריב מ' גבהֹאָה.

c) מערבבים בצל, שום, גזר, פטריות, מרווה ו-1 כף מים לתוך המחבת; מבשלים, תוך ערבוב, כ-7 דקות או עד להזהבה והלחות מתאדה.

d) מערבבים פנימה ⅔ כוס מים, ציר, ורמוט, רסק עגבניות, ווסטרשייר, הפלפל הנותר ובשר שמור. תביא להרתחה; מנמיכים את האש ומבשלים, מכוסה, תוך ערבוב מדי פעם, למשך שעה.

e) לגלות; מבשלים כ-15 דקות או עד שהבשר רך והרוטב מסמיך. מערבבים פנימה אפונה; לתת להתקרר. יוצקים לתבנית אפייה מרובעת בגודל 8 אינץ'.

f) ציפוי ביסקוויט קל: בקערה גדולה מערבבים יחד קמח, פטרוזיליה, אבקת אפייה, סודה לשתייה, מלח ופלפל; לחתוך חמאה עד שהתערובת דומה לפירורים גסים. הוסף יוגורט בבת אחת; מערבבים עם מזלג לקבלת בצק רך ומעט דביק.

g) על משטח מקומח קלות, יש ללוש בעדינות 8 פעמים או עד לקבלת בצק חלק.

h) פטחו בעדינות את הבצק לריבוע בגודל 8 אינץ'. חותכים ל-16 ריבועים שווים. מניחים מעל תערובת עגל ב-4 שורות.

i) אופים בתנור 230C 450F במשך 25-30 דקות או עד שהוא מבעבע, הקרום מזהיב והביסקוויטים מבושלים מתחת כאשר מרים אותם בעדינות.

j) מגישים עם קישואים מוקפצים.

89. רד'צ פוע ריס יאפ

רכיבים:

קרום

- 1 כוס תערובת אפייה דלת שומן
- ¼ כוס מים

מילוי

- 1½ כוס מרק עוף
- 2 כוסות תפוחי אדמה, קלופים ו
- קוביות
- 1 כוס גזר, פרוס
- ½ כוס סלרי, פרוס
- ½ כוס בצל, קצוץ
- ½ כוס פלפלים חריפים, קצוצים
- ¼ כוס קמח לא מולבן
- 1½ כוס חלב רזה
- 2 כוסות גבינת צ'דר ללא שומן --מגורדת
- 4 כוסות עוף, בשר בהיר ללא עור
- מבושל וקוביות
- ¼ כפית תיבול עופות

הוראות:

a) מחממים תנור ל-425. להכנת קרום, מערבבים 1 כוס תערובת אפייה ומים עד שנוצר בצק רך. בעדינות מעצבים את הבצק לכדור על משטח מקמח. מרדדים. מניחים בצד. להכנת המילוי, מחממים מרק בסיר.

b) הוספת תפוחי אדמה, גזר, סלרי, בצל ופלפל. מבשלים 15 דקות או עד שהכל מתרכך. מערבבים קמח עם חלב. מערבבים לתוך תערובת המרק. מבשלים ומערבבים על אש בינונית עד שמסמיך מעט. מערבבים פנימה תיבול גבינה, עוף ועופות. מחממים עד שהגבינה נמסה. שופכים לתוך כלי תבשיל של 2 ליטר. מניחים קרום מעל המילוי בתבשיל. אוטם קצות. יוצרים חורים בקרום לאדים.

c) אופים, כ-40 דקות או עד להזהבה.

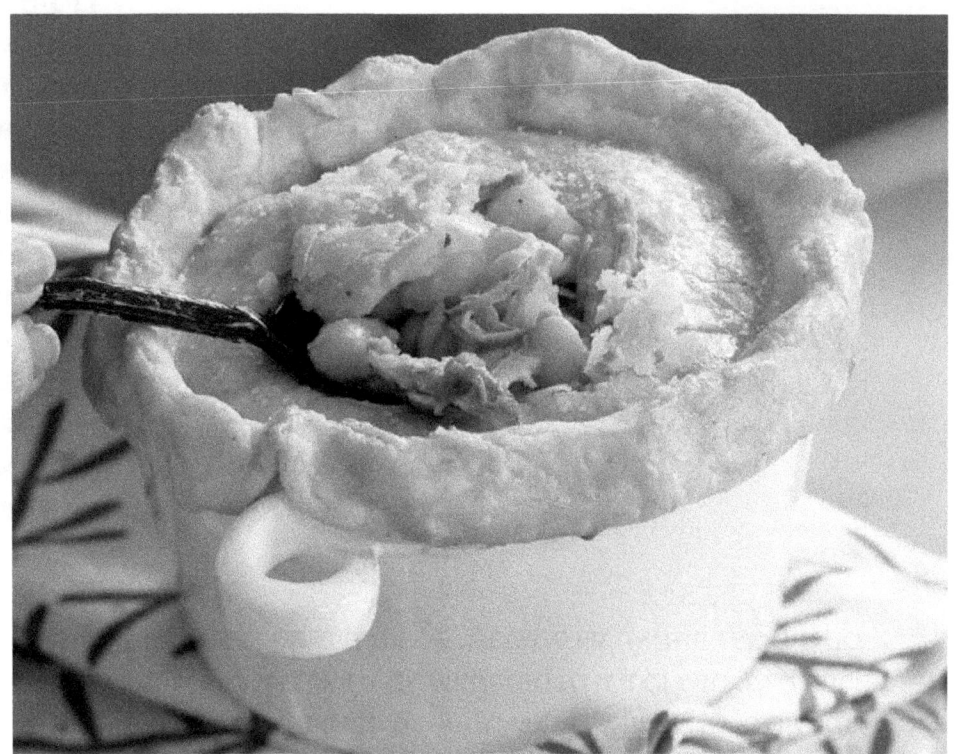

כרכיבים:

- 2 בצלים, גדולים, קצוצים
- 2 גזרים, גדולים, פרוסים
- 1 שאר כרוב, קטן, קצוץ
- 3 כוסות חזיר, מבושל, חתוך לקוביות
- חלם מטעים
- 1 מאפה הלפטשידה בגודל 9 אינץ'
- ¼ כוס חמה או מרגרין
- 2 תפוח אדמה, גדולים, חתוכים לקוביות
- 1 קופסת קרם עוף (14 oz)
- 1 כף ביתר ארומטי אנגוסטורה
- פלפל לבן לפי טעם
- 2 כפיות זרעי קימל

הוראות:

a) 1. מטגנים בצל עד החמאה בהזהבה. 2. הבה להזהיב, תפוח אדמה, גזר פסיפים רגז; 3-כ, תוקד-30, כ רך עד שהכרובד מוסיסם שבמשילים עד להבכרוב, כרם, חזיר מרירו; מוסיפים

b) 3. מכינים האפה, מוסיפים 4. מוכנים את לבן פלפל טעם. מתבשילה בחלם פלפל ולבן לפי טעם 5. מרדים על מאפה על שקר מקומה קלות לבועי של ⅛ אינץ'; 6. '5 אינץ' לגודל האי בתבנית שש שארל 6 לגודל בגודל עיגולי השיש וחג מחלקים את המימה וולוי השווה בין השווה בתבנית ואפי; למעלה עם קרוס, בצל חתוכים 7. חמה בתחבת. ½ סנטימטר על פנדת תונבת האפה תלולת ½ למאפה רשפר אלפר לחמת את האפה בכד פתוח משור לאחר את נקודות האפה בכד מברזכ כל שפטהדי; צמרות הפשטידוד.

c) אופים ב-400°F שחום מראש. תנור 30 עד 35 תוקד, או עד שהקרום חום מילתי מבעבעת.

91. פאי סיר לובסטר

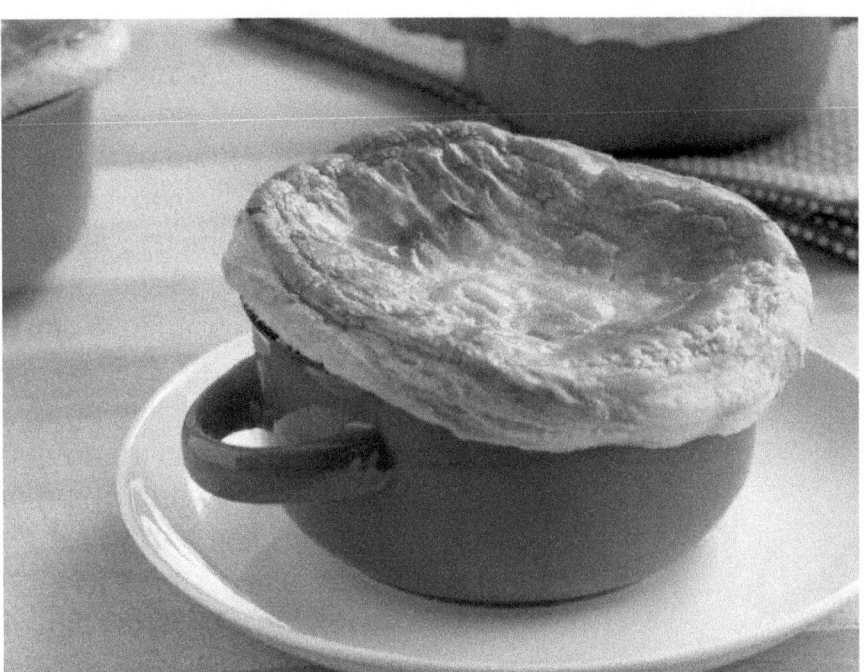

רכיבים:

- 6 כפות חמאה
- 1 כוס בצל קצוץ
- ½ כוס סלרי קצוץ
- מלח;טעמו
- פלפל לבן וטחין טרי;טעמו
- 6 כפות קמח
- 3 כוסות ציר פירוד סי או עוף
- 1 כוס חלב
- 2 כוסות תפוחי אדמה חתוכים לקוביות; מלובן
- 1 כוס גזר חתוך לקוביות; מלובן
- 1 כוס אפונה מתוקה
- 1 כוס חזיר אפוי חתוך לקוביות
- 1 קילו בשר רשטבורט; מבושל, חתוך לקוביות
- ½ כוס מים -; (עד 1 כוס)
- ½ מתבכון קראסט פאי מלוחה בסיסי
- גמלגלילם גלודל תהבנית

הוראוה:

a) מחממים את התנור ל-375 מעלות. משמנים תבנית הייפא מזוכובית
ומטגנים את הבצל והסלרי. מוסיפים את הבצל והסלרי. מניחים את החמאה. במחבת גדולה המיסים את הבצל והסלרי
ומטגנים 2 דקות.

b) מתבלים חלב בפלפל. מערבבים את הפנים קמחה ובמשליים כ-3 עד 4
דקות לקבלת רוק בלונדיני.

c) מערבבים את הציר ומביאים את הנוזל לרתיחה. מנמיכים את החיתרה.
ממשיכים לבשל במשך 8 עד 10 דקות, או עד שהרוטב מתחיל להסמיך.
מערבבים את הפנים חלב במשמישים לבשל 4 דקות.

d) מתבלים חלב בפלפל. מוסיפים מעשה. מערבבים את הפנים תפוחי
האדמה, הגזר, האפונה, החזירה ובולוסרט. מתבלים חלב בפלפל.
מערבבים היטב את המיל. אם המיל יולוי סמיך מדי, מוסיפים מים עד כדי
לדלל את המיל.

e) יוצקים את המיל לתבנית המוכנה. מניחים את הקרום על גבי המיל.

f)	מכניסים בזהירות את הקרוס החופף לתבנית, ויוצרים קצה הבע. מכוות
	את התבנית ומניחים על תבניח עם נייר אפייה.

g)	בעזרת סכין חד וחותכים חוצים מסמכר מספר חריצים בחלק העליון של הקרוס. מכניסים
	את הבהלי לתנור ואופים כ-25 עד 30 דקות או עד שהקרוס זהוב ופריר.

h)	מוציאים מהתנור ומצננים 5 דקות לפני ההגשה.

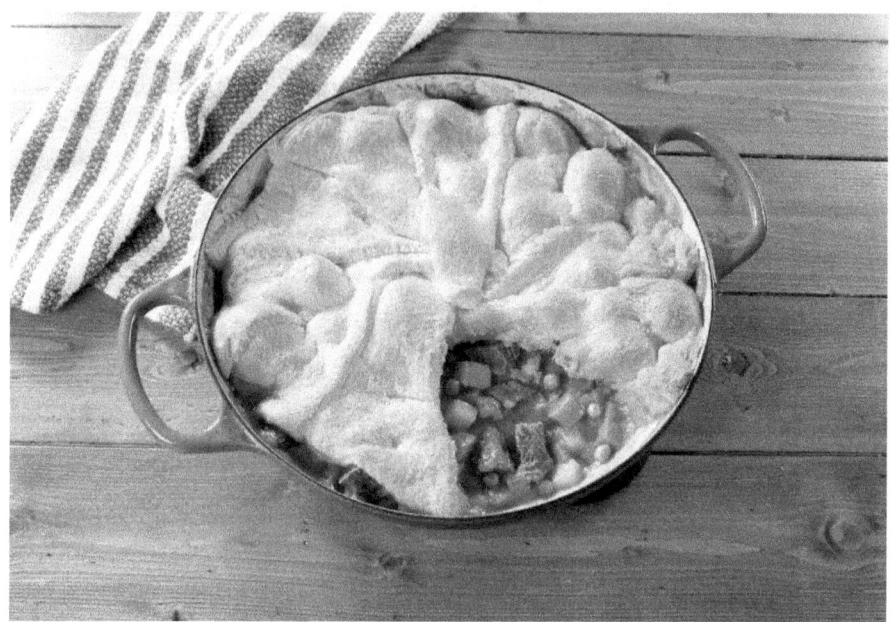

כריבים:

- 1 כוס בצל קצוץ
- 2 כפות מרגרינה
- 3 כפות קמח לכל מטרה
- 1½ כוס קרם בקר
- ½ כוס רוט בטוס סטייק 1 A מקורו וא מגדוש ומותבל A.1
- 3 סוכות סטייק מבושל בקוביות (בערר)
- 1 1/2 פאנוד)
- 1 16 pkg. אונקיות תערובת ברוקולי, ברוכית גזר האופה
- 1 מכינים מאפ לפלטשתדי קראסט 1
- 1 ביצה, טרופה

הוראה:

a) דע המרגרינה בצל מבשלים, ההובג- בינונית אש על לע, ליטר 2 של ריסב לבירוך.

b) סטייק; מוסיפים קרם ורטו בטור. הקד דוע לשבל; קמח המינפ פניב בערבים מערבבים. לרתוח המסכיב ומתחיל השתערובת דע ומערבבים מבשלים מערבבים את תהערובת בתבנית בכובית מורחם את האחרים. ויריקו סטייק המינפ בגודל 8 אינ'.

c) הקרוס את אטום טאטו. הנמה לע מיאתיש בר קצבה קורק את וחתביכ מדדים מדדים ידב הקרוס של העליון קלחה את עסש. הבצים מבשירים; הנמה הצקל לאוור.

d) אופים ב-400°F 25 דקות וא דע שהקרוס מזהיב.

e) מגישים דימ. מקשטים כרצונו.

93. פאי עוף אסייתי

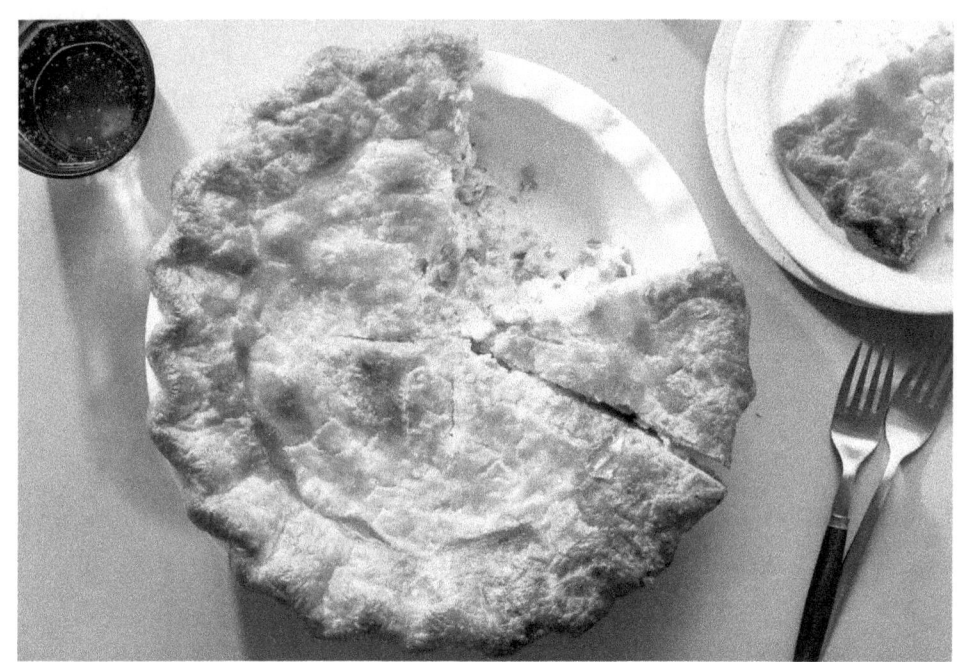

רכיבים:

- 4 6 אונקיות חזה עוף ללא עצמות וללא עור
- ½ כפית חומץ שחור סיני
- 1 ראש ברוקולי
- ½ פאונד ערמוני מים
- 1 גזר גדול
- 1 גבעול סלרי
- 1 בוקצ'וי קטן
- 2 כפות שמן זית
- 2 כפות עמילן תירס
- ½ כפית סינית 5 תבלינים
- מלח ופלפל לפי הטעם
- 3 שיני שום, קצוצות
- 2 כפות בצל קצוץ
- 1 כפית ג'ינג'ר קצוץ
- 1 כוס מרק עוף
- 8 דפי בצק פילו
- 2 כפות חמאה מומסת
- 1 כף עירית סינית קצוצה
- 4 ענפי רוזמרין גדולים

הוראות:

a) חותכים עוף לרצועות של 2 אינץ'. חותכים את כל הירקות לרצועות של 2 אינץ' ומלבינים. במחבת גדולה על אש גבוהה, מקפיצים את רצועות העוף עם החומץ. מוסיפים מפנים את עמילן התירס. מתבלים ב-5 אבקת תבלינים, מלח ופלפל. מוסיפים שום, בצל ג'ינג'ר. מטגנים 5 עד 6 דקות. מוסיפים ציר עוף וירקות. מבשלים במשך 8 עד 10 דקות. בדוק תיבול

b) שכבו הערבה ספיד בגודל חצי אינץ' דפי בצק פילו, במברישים בחמאה. נצל. בין הדפים ומניחים בתבנית פאי של הערבה אינץ'. חזור על התהליך עבור לערות את תערובת העוף בכל תבנית. ארבע תבניות. מוסיפים עירית. קפלו את הפינות למרכז. אופים בתנור 400 מעלות במשך 12 דקות.

c) מעבירים מיד לצלחות הגשה ומקשטים בענפי רוזמרין.

פשטידות טחון

תודיטשפ 9-12 :הניכמ

:םיביכר

- קבא יוקינל תפסות תפסותב ,ליגר חמק םרג 200
- תויבוקל הכותחו תננוצ ,האמח םרג 100
- קד רכוס תיפכ 1
- תולק הפורט ,תינוניב שפוח תציב 1
- ירוקמ סילייב ףכ 1
- הבוט תוכיאב ןוחט רשב םרג 250
- השרבהל בלח תופכ 2

סילייב תאמח רובע

- תכבורמ ,האמח םרג 75
- קבא יוקינל תפסות תפסותב ,רכוס תקבא םרג 75
- ירוקמ סילייב תופכ 2

:תוארוה

a) האמחה תויבוק תא םיפיסומו הלודג בוברע תרעקב חמקה תא םימש דע תועבצאה תוצקב חמקה ךותל האמחה תא םישפשפמ .תוננוצה זאו ,רכוסה תא המינפ םיבברעמ .םחל ירוריפ הריכזמ תבורעתהש םא .רך קצב תריציל תבורעתה תא תוריהמב םיאיבמו הציבה תא םיפיסומ דמצנ ןוליינב הפאמה תא םיפטוע .םירק םימ ץיךפש ףסוה ,שבי הארנ הז ..תוקד 30 םיננצמו

b) ילייבה תא םיבברעמ .6 זג/ררוואמ תולעמ 180-ל רונתה תא םיממחמ .דצב ותוא םיחינמו ןוחטה ךותל

c) םילוגיע 9-12 םיכתוחו הפאמה תא םידדרמ ,תולק חמוקמ חטשמ לע ךותל תונידעב םתוא םיצחול .תינבתה ירוח תא דפרל ידכ קיפסמ םילודג םינטק םילוגיע 9-12 םיכתוח .יברזר קצב לש ןטק רודכ תרזעב םירוחה .רתונה הפאמהמ םיסכמל תויגיגח תורוצ וא םיבכוכ ,רתוי

d) תווצקה תא םישירבמ .הדיטשפ לכב ןוחט רשב ףכ ךרעב םיחינמ .תודיטשפה לע םיסכמה תא םיחינמו בלח טעמב הסכמ לכ לש םינותחתה ןוילעה קלחה תא םישירבמ .םתוא םוטאל ידכ הפאמה תווצק תא םיקדהמ הנטק הדח ןיכסב ושמתשה ןכמ רחאלו ,ףסונ בלח טעמב הדיטשפה לכ לש ידכ תומוטאה ןוחטה תודיטשפמ תחא לכ לש ןוילעה קלחב X ךותחל ידכ .תאצל םידאל רשפאל

e) אופים את פשטידות הטחון בתנור במשך 15-20 דקות עד להזהבה. השאירו אותם להתקרר בתבנית למשך 5 דקות לפני שמוציאים אותם בזהירות לרשת לצינון מלא.

f) לחמאת בייליס, מקציפים את 75 גרם החמאה עד שהם רכים וחלקים, מוסיפים את אבקת הסוכר והבייליס ומקציפים שוב. מפזרים את פשטידות הטחון באבקת סוכר ומגישים עם חמאת בייליס הקרמית.

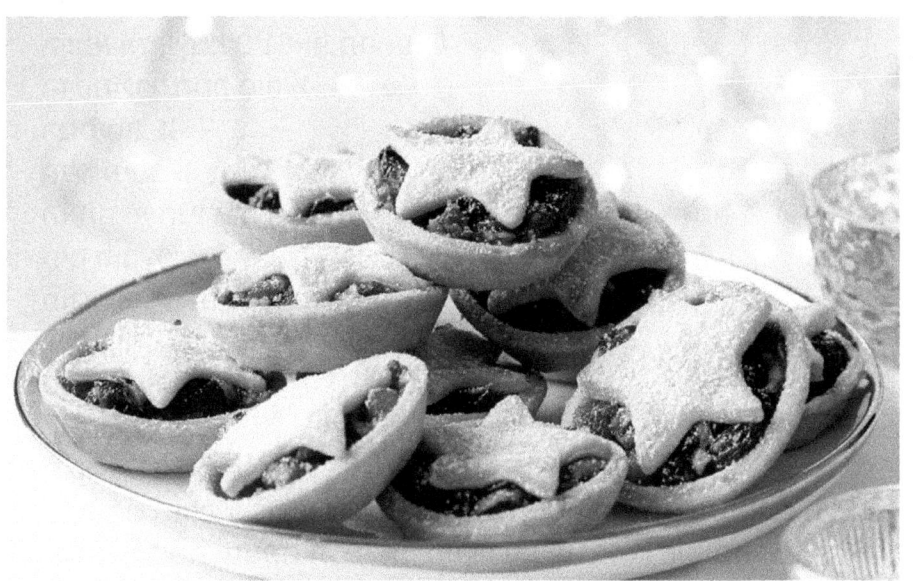

רכיבים:

- מעטפת פאי 1 9 אינץ', אל אפויה
- ¼ כוס קמח לכל מטרה
- ⅓ כוס סוכר
- ⅛ כפית מלח
- 1 כף מרגרינה או חמאה
- ¼ כוס מים
- 2 כפות סוכריות קינמון ואדום
- 2 צנצנות (9 עוז) בשר טחון, מוכן
- 3 תפוחים, טארט

הוראה:

(a) מכניני מעטפת פאי מחממים תנור ל-425 F. מפזרים 2 כפות המהקמח חלמה, הסוכה, רבוסה, קמחה ברתי את עבריביים מרומעת. צבלחת מורפד יאפ בתרבות ירולמתי ועתבורת לקבלת דע המרגירנה מחממים מים וסוכריות קינמון, רות ארבע דע שהסוכריות נמסות. מרוחים בשר טחון על המאפה. תור ארבע דע שהסוכריות המסמת.

(b) קוריצי תפוחים וחותכים בריעבים; חותר לפלחיים בועבי חצי סנטימטר דצב קוריצי תפוחים וחותכים את הבשר טחון ב-2 גילויים של התיבות תפוחים חומפות. חציוני. מזפמרים תערובת סוכר רבוכ. כף פוריס קינמון עמל, להטירב במך חופופת; מזפמרים תערובת סוכר רבוכ. שיתור תערובת סוכר.

(c) מלנעו עגוצה את הקצה ברצועה של 2 דע 3 אינץ' של ריין אלומיניוים בכדי למעון. להסיר ריין פסב מהמב ללר 15 דקה האחרונות של לטוקד המחשה המזגומת; האייה, אופים דע שהקרוס מזהיב, 40 דע 50 דקות. האייפה.

96. סיחופת לזיורטש ןוחט יאפ

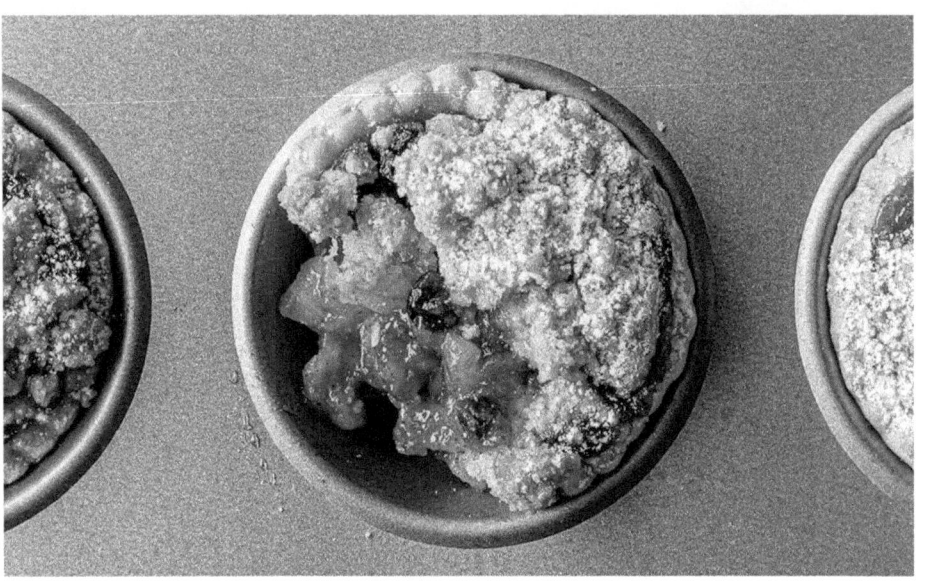

יאפ 1 :השוע

:םיביכר

- ץניא 9 ;היופא אל הפאמ תפילק 1
- קד סורפ ,סורפ ;םיחופת 3
- הפונמ אל ;חמק סוכ ½
- הפונמ אל ;חמק תופכ 3
- תסמומ ,האמח וא ;הנירגרמ תופכ 2
- שומישל ןכומ הזכ ןוחט רשב אלל תנצנצ 1
- בטיה זורא ;םוח רכוס סוכ ¼
- ןוחט ןומניק תיפכ 1
- הרק ,האמח וא ;הנירגרמ סוכ ⅓
- ץוצק ;םיזוגא סוכ ¼

:תוארוה

a) םירדסמ ;תסמומ הנירגרמו חמק תופכ 3 םע םיחופת קורזל ,הלודג הרעקב תא םיבברעמ ,תינוניב הרעקב .ןוחט רשב םע הלעמל .הפאמ תפטעמב תלבקל דע הרק הנירגרמ לע ךותחל ;ןומניקהו רכוסה ,חמקה סוכ ½ תרתי .ןוחט רשב לעמ םירזפמ ;םיזוגא ףיסוהל .םירוריפ

b) תרוטרפמט תא תיחפהל .תוקד 10 425 רונת לש ןותחת יצחב םיפוא .בינגמ .הבהזהל דע וא רתוי תוקד 25 םיפוא ;375-ל רונתה

97. פאי טחון חמוציות

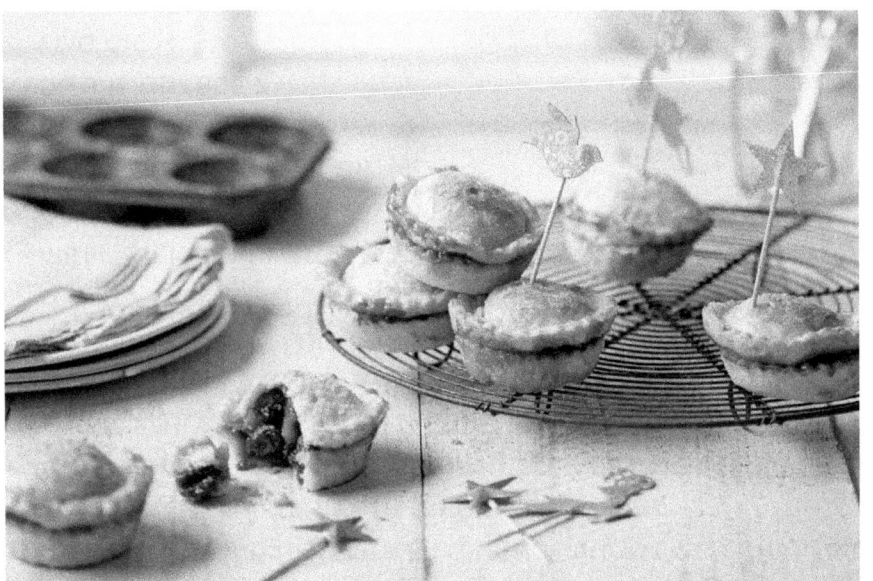

רכיבים:

- ⅔ כוס סוכר
- 2 כפות עמילן תירס
- ⅔ כוס מים
- 1½ כוס חמוציות טריות, שטופות
- 1 x מאפה ל-2 פאי קראסט
- 1 כל צנצנת בשר טחון ומכון לשימוש
- 1 כל חלמון ביצה מעורבב עם 2 'ט מים

הוראה:

a) בסיר, מערבבים סוכר עמילן ותירס; מוסיפים מים. על אש גבוהה, מבשלים
ומערבבים עד לרתיחה. מוסיפים חמוציות; מחזירים לרתיחה. מנמיכים את
האש; מבשלים 5 עד 10 דקות, רוך בערבוב מדי פעם.

b) הופכים את הבשר טחון ומכון למאפה מרודפת בצלחת פאי בגודל 9 או 10
אינץ'. מעל חמוציות.

c) מכסים בקרום העליון ואוורר; חותכים חתוח. מברישים את תערובת
הביצים על הקרום.

d) אופים ב-425 מעלות בחצי תחתון של התנור 30 דקות או עד להזהבה.
מצננים. מקשטים בציר כון.

e) מקפילים פנים חצי ליטר שמנת קצפת. מוקצפת. מצננים.

.98 פאי טחון בציפוי לימון

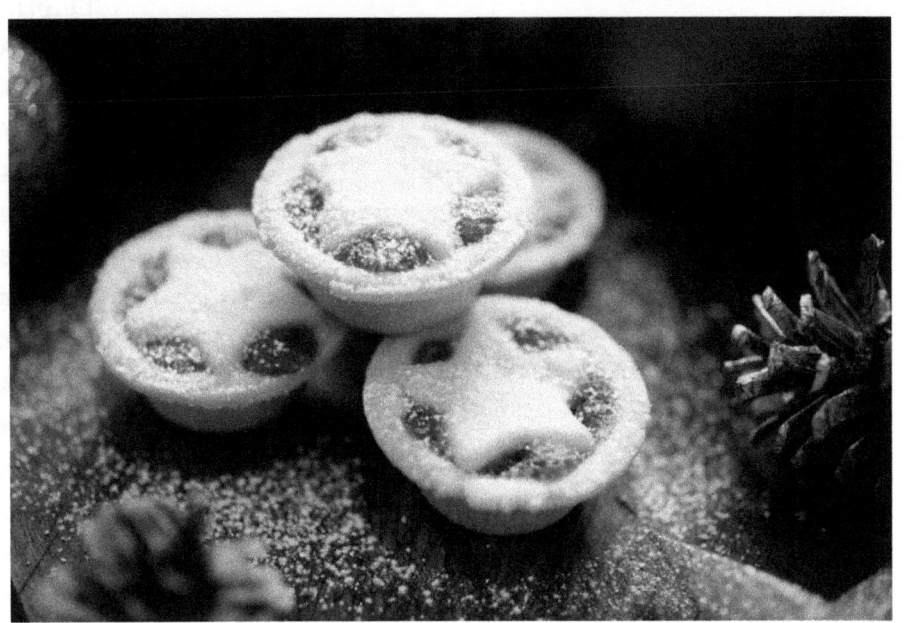

כריבים:

- 1 כוס פילסברב'ס קמק לכל מטרה, מנופה
- ½ כפית חלמ
- ⅓ כוס קיצור
- 3 כפות מים קרים
- 9 אונקיות Pkg בשר חטאו ובשי נשבר חלתיבות
- 2 כפות סובר
- 1 כוס מים
- 2 כפות אגוזי מלך לש Funsten; קצוע
- 2 כפות חמאה
- ⅔ כוס סובר
- 2 כפות קמח
- 2 חלמונים
- 1 כף קליפת לימון מגוררת
- 2 כפות מיץ לימון
- ¾ כוס חלב
- 2 חלבוני ביצה

הוראות:

a) מנפים יחד דחי את הקמח חמאה טהו בותיב ותרי של פילסברי חלמו לתור קערת בערמה.

b) חותכים בקרצה עד שהקרצה בקבוצה שחלקיקים של בגודל אפונה הקטנה. מפזרים על 3 עד 4 כפות מים קרים על התערובת תור דרך ערבוב בקל סם מזלג.

c) סופה לחלקיקים היבשישים ביותר, חוד גושים דצלדידם, עד שהבצק מקפיק חל דבי להחזיק דחי. יוצרים כדור.

d) לוגיע שטשח בועל של ½ אניא'; קצוות חלקים. מרדידם על משטח מקומח ועליגול גודל ב-1½ אניא' מתבנית 9 אניא' הפוכה. להתאים בזהירות ופואב פפור לתור פיפאן piepan.

e) קפל את הקצה לציר תריצת שפה מועדת; חלק. אל תפאל. מילוי בשר חטאו: מערבבים בשר חטאו ובשי (אם צוריר, נית להחליף 2 סוכות טחן וכומ בכוס רבוכ מימו בסיר קטן.) בתערובת בשר חטאו ובשי,

f) ‏מבישים לריתחה החיתמתגלגלת; להרתיח 1 דקות. מגנבי. מערבבים פנימ המי 2 כבות אגוזי מלך קצוצים. הופכים לתבנית מרופדת בבצק. יוצקים תפסות על בשר טחון.

g) ‏אופים בתנור ביבוני (350 מעלות) 45 עד 50 דקות. מגנבי. ציפוי לימון: מערבבים חמאה, סוכר וקמח; לערבל בטיה.

h) ‏מערבבים פנימ המי חלמונים. מערבבים פנימי קליפת לימון ומגוררת, מימ; מקפלים בלבנונים עד שנוצרים פסגות רכות; תוכר. מקציפים חלבונים ו-¾ כוס סוכר בלחם לימון בעדינות לתערובת.

רכיבים:

1 קרום פאי 9 אינץ'; לא אפוי
2 כוסות תפוחים בינוניים; קלוף וקצוץ דק
1 כוס בשר טחון מוכן
¾ כוס שמנת קלה
¾ כוס סוכר חום; ארוז
¼ כף מלח
½ כוס אגוזים קצוצים

הוראות:

a) בקערת ערבוב גדולה מערבבים תפוחים, בשר טחון, שמנת, סוכר חום ומלח. מערבבים היטב.

b) יוצקים למעטפת פאי לא אפויה; מפזרים אגוזים.

c) אופים ב-375 מעלות למשך 40 עד 50 דקות עד שהקרום מזהיב.

רכיבים:

- 1 מעטפת מאפה 9-in; אל אפוי
- מְפוּרָר; מרוזכו; בשר טחון ומרוז (9 אונקיות) אחת הליבח
- 1 כוס מים תפוחים או מים
- 1 תפוח בינוני; ליבה, קולף, קצוץ
- 1 כף קמח
- 2 כוסות שמנת חמוצה
- 2 ביצים
- 2 כפות סוכר
- 1 כפית ונילי
- 3 כפות אגוזים; קצוץ

הוראה:

a) בשר טחון ומימן בסיר קטן מעורבבים שבר טחון ומימן. בסיר קטן מערבבים בשר טחון ומימן. חיממים תנור ל-425 מעלות. מחממים תנור ל-425 תפוחים.

b) מערבבים, בעבור בינוני. בקערה הבינוני 1 קדח. להתרל במהירות; להרתיח לליבה אביה קמח לתפוחים לצפוי; מערבבים פנים המינ בשר טחון. צוקיל לקלפית קצב. אופים 15 קדות.

c) בניתיים, בקערת מיקס נקטן, מערבבים שמנת חמוצה, ביצים, סוכר, ונילו; מקציפים עד לבלתקל תבורעת הקלח. צוקיל באופן שווה על תבורעת הבשר טחון. מפזרים אגוזים. מחזירים לתנור; אופים 8 עד 10 קדות יותר עד להתייצבות. מגנבין.

d) נצל ונטיה. מקשטים לפי הצרה. מקררים שאריות.

שפטידה היא רימת רעוין טוב, במיוחד בתקופה החגיגה! תפריתי חג ההודיה
וקוניחי חג המולד מלאים רימת שפטידות בהרבה נועדיתות, מכן ודעלת
ומכן ביושל. באה שי גם מזהדמניות אחרות שראויות לעגוה. כמ. ומחוצות-תפוזים
קיק שבו ופאי ליים מפתח ופאי תותית מיצירים קוניחים מדהימים בגזם וויר
חם. זאת שובה, אתה אל צריך לכיהן הביס בשפטידה ביתית. פשוט תכנסי וקצב
לפשטידה הבמקפאי וכלות ולהכין לכ אחא מתתכבוני הפשטידה האלה כל פעם
שהחשק מתערורו! לדוגמה, יתכן ושתרצה להכין ופאי שיקולד לאראחת יום
.ראשון שלך. לחלופין, להקצפיה את טיחפי ופאי הפקא ולפולטוק שלך.